CONTES

INEDITS

D'EDGAR POE

traduits de l'anglais

PAR

WILLIAM L. HUGHES

PARIS.

COLLECTION HETZEL

— J. HETZEL — LIBRAIRIE CLAYE —

18 RUE JACOB

A Monsieur Philarète [...]
Hommage du traducteur
William L. Hughes.

CONTES

INEDITS

D'EDGAR POE

Tous droits réservés.

PARIS.— IMPRIMÉ CHEZ BONAVENTURE ET DUCESSOIS,
55, QUAI DES AUGUSTINS.

AVANT-PROPOS

Edgar Poe est aujourd'hui connu du public français et adopté par lui. On a fait un sérieux accueil à ses visions bizarres, à ses étranges analyses. Elles ont également séduit ceux qui ne cherchent dans leurs lectures qu'un étonnement, une émotion passagère, ainsi que les esprits plus sérieux, avides de savoir vers quels horizons impénétrables aux yeux vulgaires l'âme exaltée peut s'élever, par quels chemins détournés, par quelles voies semées d'abîmes elle revient ensuite sur elle-même, aboutissant ainsi au dernier et au plus effrayant abîme de son fantastique voyage. Le choix de *Contes inédits* que nous offrons aujourd'hui au public agrandira encore le point de vue d'où nous pouvons juger Edgar Poe, par la variété des sujets qui y sont traités. Tableaux romantiques, scènes de mœurs, études des aberrations du cerveau, douces pénétrations du véritable amour, entraînements désordonnés de la passion, comédie et drame, enfin des pages écrites sous la seule inspiration poétique, tels sont les éléments principaux dont se composent ces *Contes surprenants*. — Tandis que Théodore Hoffmann, également amoureux de l'hallucination, s'arrête à ce qu'elle lui montre, et, comme s'il craignait de faire fuir cette vision en la regardant de trop près, se hâte de dessiner les formes qu'elle revêt, Edgar Poe, plus puissant, grave et retient cette image dans son cerveau comme le ferait un miroir de photographie. Puis, maître de l'image ainsi fixée, il s'en approche, la retourne sous toutes ses faces; il se prend corps à corps avec cette ombre; il essaye d'en deviner l'essence, aussi bien que d'en connaître les mobiles expressions. Voilà pourquoi, chez lui, le fantastique s'élance si facilement hors des objets pour prendre possession de l'âme humaine; car c'est de cette pénétration réciproque et simultanée que naît toute sa puissance, que naissent en outre ce qu'on peut vraiment appeler sa valeur et son explication scientifiques. Si, dans les systèmes des philosophes allemands, l'*objectif* et le *subjectif* se confondent parfois si étroitement qu'on ne sait plus lequel des deux crée l'autre, à plus forte raison, dans certaines analyses du conteur américain, *le Sphinx*, par exemple, que nous offrons traduit pour la première fois. — Lorsque, au contraire, le sentiment qui le dilate ou qui l'oppresse est bien défini; lorsqu'il peut, sans crainte de le briser, verser dans ce cadre bien limité les richesses de son imagination et les trésors de son cœur, Edgar Poe écrit *Éléonore*, — un rêve, un pays d'amour, dont la description doit être égalée aux plus belles expressions connues du génie poétique. On voit aussi ce qu'il aurait pu faire du drame romantique par un admirable fragment : *Politien,* où vivent des caractères vraiment humains, agités de ces passions turbulentes ou concentrées qui sont elles-mêmes le reflet de l'âme du poëte. — Mais que sert d'insister plus longtemps? L'œuvre est sous les yeux du lecteur qui peut la juger, et qui la lira certainement avec ce singulier plaisir qui consiste à se défier d'abord des émotions étranges, puis à se sentir lentement pénétrer et entraîner par ce qu'elles ont de vrai, d'humain et d'éternel.

CONTES
INÉDITS
D'EDGAR POË

I

LE RENDEZ-VOUS

Attends-moi là. Je ne manquerai pas de te rejoindre dans ce creux vallon.
HENRY KING, évêque de Chichester.

Être mystérieux et voué au malheur, troublé par l'éclat de ton imagination, tu as péri dans les flammes de ta propre jeunesse! Ma mémoire évoque ton image ; tu te dresses encore une fois devant moi, non pas, hélas ! tel que tu es dans la sombre et froide vallée de la mort, mais tel que tu *devrais être*, gaspillant une existence de splendides rêveries dans une cité de vagues visions, dans ta Venise aimée, dans ce paradis maritime, dont les vastes croisées contemplent avec un sentiment amer et profond les mystères de l'onde silencieuse. Oui, je le repète, tel que tu *devrais être*.

Certes, il existe d'autres mondes que celui où nous vivons, d'autres pensées que celles de la multitude, d'autres rêves que les rêves des sophistes. Qui donc se permettra de trouver à redire à ta conduite? Qui osera blâmer tes heures d'hallucination ou traiter de gaspillage de la vie ces folies où tu dépensais la surabondance de ton énergie indomptable?

Ce fut à Venise, sous la galerie abritée qu'on nomme *Ponte dei Sospiri*, que je rencontrai pour la troisième ou quatrième fois le personnage dont je viens de parler. Je n'ai plus qu'un vague souvenir des détails de cette rencontre..... Mais si, je me les rappelle! Comment les aurais-je oubliés? L'obscurité profonde, le pont des Soupirs, la beauté des femmes, le génie des aventures allant et venant le long de l'étroit canal!

La nuit était d'une obscurité peu commune. La grande horloge de la Piazza avait sonné la cinquième heure de la nuit italienne. La place Campanile était déserte et silencieuse; les lumières du vieux palais s'éteignaient une à une. Revenant de la Piazzetta, je rentrais chez moi par le Grand-Canal; mais, au moment où ma gondole arrivait en face de l'entrée du canal San Marco, une voix de femme retentit soudain dans le calme de la nuit, le troublant par un cri sauvage, hystérique, prolongé. Effrayé par ce cri funèbre, je me levai d'un bond, tandis que mon gondolier laissait échapper son unique rame qu'il ne put retrouver dans l'obscurité. Nous dûmes alors nous abandonner au courant qui se dirige du petit chenal vers le grand. Pareille à un immense condor au plumage d'ébène, la gondole s'avançait lentement vers le pont des Soupirs, lorsqu'une multitude de torches, flamboyant aux croisées et sur le perron du palais ducal, vint tout à coup transformer l'obscurité en une clarté livide presque surnaturelle.

Un enfant, glissant des bras de sa mère, venait de tomber, d'une des croisées supérieures de l'édifice élevé, dans le sombre et profond canal. L'onde perfide s'était paisiblement refermée sur la victime. Bien que ma gondole fût la seule en vue, plus d'un robuste nageur luttait déjà contre le courant, cherchant en vain à la surface le trésor qu'on ne devait retrouver qu'au fond du gouffre. Sur les larges dalles de marbre noir conduisant au palais, à quelques marches au-dessus du niveau de l'eau, se tenait une femme dont tous ceux qui l'ont vue se souviennent encore. C'était la marquise Aphrodite, l'adoration de Venise, la plus gaie des folles enfants de l'Adriatique, la plus belle, sous ce ciel où toutes sont ravissantes, la jeune épouse du vieux roué Mentoni, la mère du bel enfant (son premier et unique espoir) qui, enseveli sous cette eau trouble, songe avec angoisse aux douces caresses maternelles, et épuise sa frêle existence en vains efforts pour invoquer un nom chéri.

Elle reste isolée au milieu des groupes formés à l'entrée du palais. Ses petits pieds nus et argentés se reflètent dans le miroir de marbre noir du perron. Ses cheveux, presque à moitié défaits pour la nuit au sortir de quelque bal, et où scintille encore une pluie de diamants, s'enroulent, se tordent autour de sa tête classique en boucles d'un noir bleuâtre, qui imitent les reflets de l'hyacinthe. Une draperie blanche comme la neige, légère comme la gaze, semble seule couvrir son corps délicat; mais pas un souffle ne vient animer la lourde atmosphère de cette chaude nuit d'été, ni agiter les plis de la robe vaporeuse qui retombe autour d'elle comme son vêtement de marbre autour de la Niobé antique. Pourtant — fascination étrange ! — les grands yeux lumineux de la marquise ne s'abaissent pas sur la tombe qui vient d'engloutir son plus cher espoir : ils sont fixés dans une tout autre direction. Le donjon de la vieille république est, j'en conviens, le monument le plus remarquable de Venise; mais comment la noble dame peut-elle s'obstiner à le contempler ainsi lorsqu'à quelques pieds au-dessous d'elle son enfant râle asphyxié? Ce sombre renfoncement s'ouvre juste en face de la croisée de sa chambre : que peut-elle donc voir dans l'ombre, dans l'architecture, dans les antiques corniches revêtues de lierre de cette cavité, qui ne l'ait déjà étonnée un millier de fois? Bah! ne savons-nous pas que, dans un pareil moment, l'œil humain, semblable à un miroir brisé, multiplie les images de la douleur et contemple en maint endroit lointain la cause d'une angoisse présente ?

A une dizaine de marches au-dessus de la marquise, et sous la voûte d'entrée, on aperçoit ce vieux satyre de Mentoni. En toilette de bal, il tient à la main une guitare, dont il tire par intervalles quelques notes, et semble s'ennuyer à périr, tandis qu'il donne de temps à autre des ordres aux gens qui cherchent à sauver son fils.

N'étant pas encore revenu de ma surprise, je me tenais toujours debout dans ma barque, et aux yeux des groupes agités, je dus avoir l'air d'un spectre, d'une apparition de mauvais augure, lorsque, pâle et immobile, je passai devant eux dans ma gondole funéraire.

Toutes les tentatives furent vaines. Les plus énergiques parmi les plongeurs paraissaient se relâcher de leurs efforts et s'abandonner à un morne découragement. Il ne semblait rester que fort peu d'espoir de sauver l'enfant..... (et la mère qui donc la sauvera ?).... Mais voilà que tout à coup on voit sortir de l'ombre de ce renfoncement, situé en face des croisées de la marquise et attenant à la vieille prison républicaine, un homme enveloppé d'un manteau, qui, après s'être montré un instant à la lueur des torches, sur le bord vertigineux de la descente, se précipite la tête la première dans le canal. Quelques minutes encore, et on l'aperçoit sur les dalles de marbre auprès de la marquise ; — il tient l'enfant qui respire encore. Alors, le manteau de l'étranger, tout ruisselant d'eau, se détache, tombe à ses pieds et révèle aux yeux des spectateurs surpris la gracieuse personne d'un très-jeune homme, dont le nom était pourtant célèbre dans la plupart des contrées de l'Europe.

Il ne prononça pas une parole. Mais la marquise? Elle va saisir son enfant, le presser contre son sein, étreindre le petit corps, l'étouffer de caresses? Erreur. Les bras d'une autre ont reçu le précieux fardeau, une autre l'emporte au loin dans le palais, sans que la mère y fasse attention. Regardez la marquise. Voyez trembler ses lèvres, ses lèvres adorables; des larmes s'amassent dans ses yeux, ces yeux qui, comme l'acanthe de Pline, sont

« doux et presque liquides. » Oui, ce sont de vraies larmes. Et tenez, la femme tressaille des pieds à la tête ; la statue respire enfin ! La pâleur de ce visage de marbre, le gonflement de cette poitrine de marbre, jusqu'à la blancheur de ces pieds de marbre, on les voit s'animer tout à coup sous le flot d'une rougeur involontaire. Un léger frisson parcourt son corps délicat, semblable aux beaux lis argentés qu'agite, au milieu de l'herbe, la douce brise du climat napolitain.

Pourquoi la dame a-t-elle rougi de la sorte? Cette question doit rester sans réponse. Peut-être s'aperçoit-elle que, dans la précipitation de sa terreur maternelle, elle a oublié, en quittant son boudoir, d'emprisonner ses pieds mignons dans leurs pantoufles et de jeter sur ses épaules vénitiennes la draperie qui devrait les cacher. Quel autre motif aurait pu causer cette rougeur, ce regard effaré, suppliant, les palpitations inusitées de son sein gonflé, la pression convulsive de sa main, qui, tandis que le vieux Mentoni regagne nonchalamment le palais, rencontre par hasard celle de l'étranger? Comment expliquer autrement le ton peu élevé,—c'est à peine si les paroles parvinrent jusqu'à moi,—de l'exclamation incompréhensible que la noble dame laisse échapper, au lieu de remercier le sauveur de son enfant?

« Tu as vaincu, murmure-t-elle (à moins que le bruit de l'eau ne m'ait empêché de bien entendre),—tu as vaincu ! Une heure après le lever du soleil, je serai au rendez-vous. Soit ! »

Le tumulte s'était apaisé. Les lumières s'éteignaient aux croisées du palais ducal. L'étranger, que je venais de reconnaître, restait seul sur le perron. En proie à une agitation inconcevable, il tremblait en cherchant autour de lui s'il ne verrait pas quelque barque; je ne pus me dispenser de mettre la mienne à sa disposition; et il accepta mon offre. Mon batelier s'étant procuré un autre aviron à l'embarcadère des gondoles, nous nous dirigeâmes vers la demeure du jeune homme, qui ne tarda pas à retrouver tout son sang-froid et parla avec une cordialité apparente de nos relations passées.

Il est des sujets que je me plais à décrire minutieusement. La personne de l'inconnu,—qu'on me permette de désigner ainsi un homme dont on connaissait si peu l'existence,—est un de ces sujets-là.

Sa taille était un peu au-dessous de la moyenne, bien qu'à certains moments de passion, elle parût littéralement *se dilater*, et donner un démenti à la réalité. La svelte symétrie, je dirai presque la mignonne symétrie de sa personne annonçait bien plus cette activité dont il venait de faire preuve, que la force herculéenne qu'on lui avait vu déployer sans effort en mainte conjoncture plus dangereuse. Avec la bouche et le menton d'un dieu, avec de grands yeux étranges, sauvages, d'un éclat humide et dont la couleur variait du brun-noisette au noir de jais, il avait des traits d'une régularité aussi classique que ceux du buste de l'empereur Commode. Néanmoins, c'était là une de ces physionomies comme chacun en a rencontré à une époque quelconque de sa vie pour ne plus la revoir; elle n'avait aucune expression stéréotypée ou dominante qui pût la fixer dans la mémoire,—un de ces visages qu'on oublie dès qu'on l'a vu, tout en éprouvant un vague et continuel désir de se le rappeler. Non que chaque rapide passion manquât jamais de se refléter distinctement sur ces traits comme dans un miroir; seulement, le miroir vivant était aussi impuissant que les autres à conserver la moindre trace de la passion disparue.

En me quittant, le soir de l'aventure en question, il me pria, avec une insistance qui m'étonna un peu, d'aller le voir le lendemain de *très*-bonne heure. Peu de temps après le lever du soleil, je me rendis donc à son palais, vaste édifice d'une splendeur sombre, mais fantastique, comme ceux qui dominent le Grand-Canal dans le voisinage du Rialto. On me conduisit, par un large escalier tournant, pavé en mosaïque, vers un salon dont la magnificence sans pareille m'éblouit dès que j'en eus franchi le seuil.

Je savais que mon hôte était riche. La renommée parlait de sa fortune en termes que mon ignorance avait toujours qualifiés de ridicule exagération. Mais, à peine eus-je jeté un regard autour de moi, que je m'étonnai qu'il se trouvât en Europe un homme assez opulent pour réaliser le rêve de magnificence princière qui éclatait et flamboyait autour de moi.

Bien que le soleil fût déjà levé, la salle se trouvait encore brillamment éclairée. Cette circonstance, jointe à la fatigue empreinte sur le visage de mon ami, me donna à croire qu'il ne s'était pas couché depuis la veille. L'architecture et les ornements de la salle témoignaient évidemment d'un désir d'émerveiller, d'éblouir le spectateur. On avait eu peu d'égards pour ce décorum que les artistes nomment l'*ensemble*. On n'avait pas, non plus, cherché à donner à l'appartement une couleur locale quelconque. L'œil allait d'un objet à l'autre sans s'arrêter sur aucun,—ni sur les *grotesqueries* des peintres grecs, ni sur les œuvres des sculpteurs italiens de la bonne époque,—ni sur les vastes ébauches de l'Égypte encore inhabile. De tous les côtés, de riches draperies tremblaient aux vibrations d'une invisible musique, douce et triste. Je me sentis oppressé par un mélange de parfums que répandaient des encensoirs aux formes bizarres, d'où jaillissaient en même temps des langues de flamme bleue ou verte, qui tantôt flamboyaient et tantôt vacillaient. Les rayons du soleil levant se projetaient sur cette scène, à travers des croisées formées d'une seule vitre cramoisie. Enfin, réfléchie en mille endroits par des rideaux qui tombaient des corniches comme une cataracte d'argent en fusion, la lumière du soleil vint se mêler capricieusement au jour artificiel, et baigner, en masses adoucies, un riche tapis de drap d'or qui brillait comme une nappe d'eau[1].

« Ah! ah! ah! fit mon hôte, qui, après m'avoir indiqué un siége, se rejeta en arrière et s'allongea sans façon sur une causeuse. Je vois, continua-t-il en s'apercevant que je ressentais la singularité de son accueil, je vois que mon appartement, mes statues, mes tableaux, l'originalité de mes idées en

---

[1] Dans un article intitulé : *La Philosophie de l'ameublement*, Poe reproche à ses compatriotes de n'aimer que le clinquant et la verroterie; le modèle qu'il leur offre ici ne paraît guère de nature à les corriger.

fait d'architecture et d'ameublement, je vois combien tout cela vous étonne. Vous êtes enivré — c'est bien le mot, n'est-ce pas? — de tant de magnificence. Veuillez me pardonner, mon cher monsieur (*ici son ton s'abaissa de plusieurs notes et respira la plus franche cordialité*), et excuser mon hilarité peu charitable. Mais vous aviez vraiment l'air si abasourdi! D'ailleurs, il y a des choses tellement absurdes, qu'il faut en rire si l'on ne veut pas trépasser. Mourir en riant, ce doit être la plus glorieuse de toutes les morts! Sir Thomas Morus, un fier homme! est mort en riant. On trouve aussi dans les *Absurdités* de Ravisius Textor [1] une liste assez longue des originaux qui ont fait la même fin admirable. Savez-vous pourtant, continua-t-il d'un ton rêveur, qu'à Sparte, — aujourd'hui elle se nomme Palæochori, — en a découvert, à l'ouest de la citadelle, parmi tout un chaos de ruines à peine visibles, une sorte de piédestal sur lequel on distingue les lettres λασμ, qui représentent indubitablement la terminaison tronquée du mot γέλασμα, rire? Or, à Sparte, il y avait mille temples et mille

---

[1] Joseph Ravisius Textor, écrivain peu connu du xvie siècle; il est l'auteur de deux autres ouvrages intitulés: *De memorabilibus et claris mulieribus*, in-f°, Paris, 1521, et *Dialogi aliquot festivissimi Epigrammata et Epistolæ*, in-12, Rotterdam.

(*Note du traducteur.*)

autels dédiés à mille divinités différentes. N'est-il pas étrange que l'autel du Rire ait seul survécu ? Mais aujourd'hui, poursuivit-il avec un singulier changement d'intonation et de maintien, j'ai eu tort de m'amuser à vos dépens, car vous aviez bien le droit de vous émerveiller. L'Europe ne saurait rien produire de comparable à mon salon d'apparat. Mes autres appartements ne ressemblent en rien à celui-ci ; ils représentent tout bonnement le *nec plus ultra* de l'insipidité fashionable. Ceci vaut mieux que la mode, qu'en pensez-vous ? Et pourtant, il me suffirait de montrer ce salon pour qu'il fît fureur, du moins chez ceux qui jugeraient à propos de m'imiter au prix de tout un patrimoine. Mais je me suis bien gardé de commettre une pareille profanation. A une exception près, vous êtes la seule personne, outre mon valet de chambre, à qui il ait été donné de contempler les mystères de cette impériale enceinte, depuis qu'elle a été disposée de la sorte. »

Je m'inclinai pour le remercier. La splendeur éblouissante du salon, la musique, les parfums, l'excentricité inattendue de l'accueil et du maintien de mon hôte, m'avaient trop frappé pour me permettre d'exprimer en paroles combien j'appréciais une exception que je pouvais regarder comme un compliment.

« Voici, reprit-il en se levant pour prendre mon bras et se promener dans le salon, voici des tableaux de tous les temps, depuis les Grecs jusqu'à Cimabue et depuis Cimabue jusqu'à nous. Beaucoup de ces toiles, vous le voyez, ont été choisies sans égard pour l'opinion des connaisseurs. Toutes forment, néanmoins, une tapisserie convenable pour une salle telle que celle-ci. Voici des ébauches d'artistes célèbres dans leur temps, dont la perspicacité des académies a abandonné jusqu'aux noms à l'oubli et à moi. Que dites-vous, continua-t-il en se retournant brusquement, de cette *Madonna della Pietà?*

—On dirait un Guido! m'écriai-je avec tout l'enthousiasme dont j'étais capable; car je venais d'examiner attentivement cette toile d'une beauté sans pareille. Un vrai Guido! Où avez-vous pu vous le procurer? Cette Vierge est en peinture ce que la Vénus est en sculpture!

—Ah! oui, reprit-il d'un ton rêveur. La Vénus? la belle Vénus, la Vénus de Médicis, n'est-ce pas? La Vénus à la petite tête et aux cheveux d'or? Une partie du bras gauche (*ici, il baissa la voix au point que j'eus assez de peine à l'entendre*) et tout le bras droit sont des restaurations; et, à mes yeux, la pose coquette de ce bras droit représente la quintescence de l'affectation... Parlez-moi de Canova! Cet Apollon n'est qu'une copie, il ne saurait exister aucun doute à cet égard... Aveugle que je suis, je ne puis découvrir en quoi consiste l'inspiration tant vantée de cette œuvre. Je ne puis m'empêcher... plaignez-moi... de préférer l'Antinoüs... N'est-ce pas Socrate qui a dit que le sculpteur trouve dans le bloc de marbre sa statue toute faite? Dans ce cas, Michel-Ange ne s'est pas montré trop original dans ce distique :

> Non ha l'ottimo artista alcun concetto
> Che un marmo solo in se no circonscriva.

On a remarqué, ou dans tous les cas on aurait dû remarquer, que chacun sait distinguer les façons d'un gentleman de celles d'un manant, sans toutefois être à même de définir en quoi consiste la différence. Admettant que cette observation pût s'appliquer dans toute sa force aux manières de mon hôte, je reconnus, en cette mémorable matinée, qu'elle était plus applicable encore à son tempérament moral et à son caractère. Je ne saurais mieux définir une certaine particularité de son esprit, qui paraissait l'isoler complétement de ses semblables, qu'en la désignant comme une habitude de méditation profonde et continue, qui accompagnait jusqu'à ses actions les plus triviales, le poursuivant au milieu même de la conversation la plus enjouée, se mêlant à ses éclairs de gaieté, comme ces vipères qu'on voit sortir, en se tortillant, des yeux des masques qui ricanent dans les corniches des temples de Persépolis.

Cependant, malgré le ton moitié badin et moitié solennel dans lequel il continua à parler de choses et d'autres, je ne pus m'empêcher de remarquer à plusieurs reprises, dans ses gestes et dans son maintien, une sorte de trépidation, de *satisfaction* nerveuse, une irritabilité inquiète, qui me parurent très-étranges dès le début, et qui, à divers intervalles, me causèrent même beaucoup d'alarme. Il s'arrêtait sans cesse au milieu d'une phrase dont il semblait oublier les premiers mots, ayant l'air d'écouter avec une profonde attention, comme s'il eût attendu un autre visiteur ou entendu un bruit qui ne pouvait exister que dans son imagination.

Je profitai d'un de ces moments de rêverie ou de distraction apparente pour jeter les yeux sur la première tragédie nationale de l'Italie, l'*Orfeo* du poëte et du savant Poliziano, dont l'œuvre admirable traînait sur un divan ; je tombai sur un endroit souligné au crayon. Ce passage, qui se trouve vers la fin du troisième acte, nul homme ne saurait le lire sans éprouver une émotion nouvelle, et nulle femme sans soupirer, bien qu'il soit entaché d'immoralité. La page entière était encore humide de larmes récentes, et sur une feuille blanche laissée dans le volume, on lisait des vers anglais manuscrits, dont les caractères ressemblaient si peu à l'écriture assez bizarre de mon hôte, que j'eus quelque peine à la reconnaître.

I

Tu as été pour moi mon amour,
Tout ce que mon cœur pouvait rêver,—
Une île verte au sein des mers,
Une fontaine et un autel,
Tout enguirlandés de fleurs et de fruits enchantés,—
Et chaque fleur était mienne.

II

Ah! rêve trop beau pour durer!
Espoir étoilé qui ne s'est levé
Que pour se voiler aussitôt!
Une voix de l'Avenir me crie :
—*En avant!*—Mais sur le Passé,
Sombre golfe, mon esprit s'obstine à planer,
Muet,—immobile,—consterné!

III

Car, hélas! hélas! pour moi
La lumière du jour est ternie.
Jamais, jamais, jamais! —
Tel est le langage que le flot fatidique

Adresse au sable de la grève —
L'arbre foudroyé ne refleurira !
Jamais l'aigle blessé ne reprendra son vol !

IV

Désormais toutes mes heures sont aux rêves
    Et tous mes songes nocturnes
M'emportent vers le pays où luit ton œil noir,
    Où tes petits pieds brillent
    Dans quelque danse légère,
    Au bord d'un ruisseau italien.

V

    Hélas ! maudit soit le jour
    Où ils t'ont emmenée au delà des mers,
Loin de l'Amour, vers un vieil époux titré
    Et un oreiller criminel ! —
Loin de moi et de notre climat brumeux
    Où pleure le saule argenté !

Ces vers étaient écrits en anglais, circonstance qui ne me surprit guère, bien que j'eusse cru jusqu'alors que mon hôte ignorait cette langue. Je savais trop quelle était l'étendue de ses connaissances et l'étrange plaisir qu'il prenait à les cacher, pour m'étonner d'une pareille découverte. J'avoue cependant que l'endroit d'où ces vers étaient datés me causa un peu de surprise. Le mot *Londres,* tracé au bas de la page, avait été raturé avec soin, mais non de manière à empêcher un regard scrutateur de le déchiffrer. J'ai dit que j'éprouvais quelque surprise : en effet, sachant que la marquise Aphrodite habitait l'Angleterre avant son mariage, l'idée m'était venue un jour de demander à mon hôte s'il l'avait rencontrée à Londres, et il m'avait déclaré n'avoir jamais visité cette métropole. J'ajouterai, en passant, que j'avais aussi entendu dire, mais sans ajouter foi à un bruit peu probable, que mon interlocuteur était non-seulement né, mais avait été élevé en Angleterre.

« Il y a un autre tableau que vous n'avez pas encore vu, » me dit-il enfin, sans paraître remarquer l'indiscrétion que je venais de commettre.

A ces mots, il tira un rideau et découvrit un portrait en pied de la marquise Aphrodite.

Jamais l'art humain n'a mieux rendu une beauté surhumaine. La vision éthérée qui m'était apparue la nuit précédente sur le perron du palais ducal se dressa de nouveau devant moi. Mais dans l'expression de ce visage, tout resplendissant de sourires, on retrouvait, étrange anomalie! cette vague tristesse qui est la compagne inséparable de la beauté idéale. Le bras droit était croisé sur la poitrine ; tandis que la main gauche, abaissée, indiquait un vase de forme bizarre. Un de ses petits pieds, le seul qu'on aperçût, semblait à peine effleurer le sol, et derrière elle, presque invisibles dans la brillante atmosphère qui semblait envelopper et diviniser sa beauté, flottaient deux ailes aussi délicates, aussi légères qu'il est possible d'imaginer. Après avoir contemplé ce portrait, je jetai de nouveau les yeux sur le visage de mon compagnon, et les paroles du poëte Chapman, dans son *Bussy d'Amboise,* me vinrent aux lèvres :

Il se tient là,
Comme une statue romaine ! Il ne bougera pas
Avant que la Mort l'ait transformé en marbre !

« Allons ! s'écria-t-il en se tournant vers une table d'argent massif, richement émaillée, où l'on voyait des coupes aux couleurs bizarres et deux vases étrusques d'une forme peu commune, pareils à celui que l'artiste avait représenté au premier plan du portrait de la marquise Aphrodite, et remplis, à ce qu'il me sembla, de vin de Johannisberg. Allons ! s'écria-t-il tout à coup. Buvons ! Il est de bonne heure ; mais buvons néanmoins !... Oui, en vérité, il est encore de très-bonne heure, répéta-t-il d'un ton rêveur, tandis qu'un chérubin, armé d'un marteau d'or, frappait sur un cadran pour annoncer la première heure après le lever du soleil. N'importe ! Offrons une libation à ce grave soleil, dont ces lampes et ces encensoirs sont si désireux d'adoucir l'éclat ! »

Après m'avoir invité à lui faire honneur, il remplit et vida sa coupe à plusieurs reprises.

« Rêver ! continua-t-il en s'approchant d'une lumière avec un des beaux vases étrusques dont j'ai parlé. Les rêves ont été l'occupation de ma vie. Je me suis donc—comme vous voyez—arrangé un nid propice à la rêverie. Au cœur de Venise, pouvais-je en construire un plus favorable ? Il est vrai que je me suis entouré d'un chaos d'ornements architecturaux. La chasteté de l'art ionien est blessée par ces embellissements antédiluviens, et les sphinx de l'Égypte semblent déplacés sur un tapis d'or. Cependant, il n'y a que les esprits timides qui puissent voir des disparates dans de pareils rapprochements. La convenance locale et surtout l'unité sont des croquemitaines qui effrayent l'homme et l'éloignent de la contemplation du magnifique. Il fut un temps où moi-même je subissais l'influence du convenu ; mais cette folie des folies est bien loin de moi aujourd'hui. Tant mieux ! Semblable à ces encensoirs arabesques, mon esprit se tord dans les flammes ; et la splendeur du tableau que j'ai devant les yeux me prépare aux visions plus merveilleuses de ce pays des vrais rêves que je ne tarderai pas à connaître. »

A ces mots, il se tut tout à coup, pencha la tête sur sa poitrine et parut écouter un bruit que je ne pus entendre. Enfin, se redressant et levant les yeux, il répéta les vers de l'évêque de Chichester :

Attends-moi là! je ne manquerai pas
De te rejoindre au fond de ce creux vallon...

Puis, l'instant d'après, vaincu sans doute par la force du vin, il se laissa tomber sur un divan. Un pas rapide retentit dans l'escalier et l'on frappa bruyamment à la porte. Je m'empressai de m'y diriger, afin d'empêcher qu'on frappât de nouveau, lorsqu'un page de la marquise Aphrodite se précipita dans le salon, s'écriant d'une voix entrecoupée :

« Ma maîtresse!... ma chère maîtresse!... empoisonnée! Elle s'est empoisonnée! O belle, belle Aphrodite! »

Je courus, tout troublé, vers le divan, afin de réveiller le dormeur et lui communiquer la fatale nouvelle. Mais ses membres étaient roidis, ses lèvres livides ; la mort avait glacé ses yeux naguère si étincelants.

Saisi d'horreur, je reculai en trébuchant vers la table d'argent ; ma main rencontra une coupe noircie, brisée, et je compris soudain toute la terrible vérité.

II

ÉLÉONORE

> *Sub conservatione formæ specificæ salva anima.*
> RAYMOND LULLE.

J'appartiens à une race connue pour la force de son imagination et l'ardeur de ses passions. On m'a appelé fou; mais savons-nous encore si la folie est ou n'est pas autre chose qu'une intelligence sublime? Savons-nous si une grande partie de ce qu'on appelle la gloire, si tout ce qu'on nomme profondeur n'a pas son origine dans une maladie de la pensée, dans certaines *phases* d'un esprit qui s'exalte aux dépens de ses facultés générales? Ceux qui rêvent le jour ont connaissance de bien des choses qui échappent à ceux qui ne rêvent que la nuit. Dans la pénombre grise de leurs visions, ils entrevoient comme des éclairs de l'éternité et ils tressaillent, au réveil, de voir qu'ils ont été sur le point de découvrir le grand secret. Par échappées, ils saisissent quelques notions de la science du bien et s'instruisent plus encore dans la science moins rare du mal. Ils pénètrent, bien que sans gouvernail et sans compas, dans le vaste océan de la « lumière ineffable; » puis, comme le géographe nubien, « ils s'aventurent sur une mer de ténèbres pour en explorer les mystères [1]. »

Nous dirons donc que je suis fou. J'admets du moins qu'il y a deux conditions distinctes dans mon existence mentale : un état de raison lucide, qu'on ne saurait nier,—se rattachant à la mémoire des faits qui représentent la première période de ma vie—et un état d'ombres et de doutes, qui appartient au présent et aux souvenirs de la seconde grande époque de mon individualité. Donc, tout ce que je vous raconterai de la première période, vous devez le croire. Quant à ce que je vous dirai de la seconde, je ne vous demande de confiance qu'autant que mon récit paraîtra en mériter. Il vous est même permis de douter de ma bonne foi;

---

[1] *Agressi sunt mare tenebrarum, quid in eo esset exploraturi.*

ou bien, si le doute devient impossible, soyez l'OEdipe de cette énigme.

J'ai perdu ma mère de bonne heure ; elle avait une sœur,—une seule ;—celle que j'ai aimée dans ma jeunesse, et dont ma plume retrace aujourd'hui le souvenir avec calme et clarté, était la fille unique de cette sœur. Ma cousine se nommait Éléonore. Nous avons grandi ensemble, sous un soleil tropical, dans la Vallée-aux-Herbes-Multicolores. Personne ne pénétra jamais sans guide dans cette vallée lointaine, située au milieu d'une chaîne de montagnes gigantesques qui l'entouraient, sourcilleuses, de tous les côtés et en garantissaient les douces retraites contre la lumière du soleil. Dans le voisinage, pas un seul sentier battu ; pour gagner notre heureuse demeure, il fallait repousser, avec force, le feuillage de bien des milliers d'arbres et fouler aux pieds la beauté de bien des millions de fleurs odorantes. Voilà pourquoi nous vivions seuls, ne connaissant rien du monde en dehors de la vallée,—moi, ma cousine et sa mère.

Une rivière, profonde et peu large, se glissait hors de l'ombre où restaient plongées les régions situées au delà des montagnes, à l'extrémité supérieure de notre domaine si bien abrité. Elle brillait plus que quoi que ce soit au monde, sauf les yeux d'Éléonore, et se dérobait dans de capricieux méandres, pour disparaître enfin, par un ravin ombreux, dans des collines plus indistinctes encore que les hauteurs d'où elle était sortie. Nous l'avions surnommée *la rivière du Silence*, tant son cours tranquille invitait au repos.

Elle ne laissait pas échapper le plus léger murmure ; elle serpentait si doucement que les cailloux, que nous aimions à contempler tout au fond de son lit, loin de remuer, conservaient une immobilité satisfaite et brillaient comme des perles sans jamais changer de place.

Les bords de la rivière, ceux de maint ruisseau étincelant qui venait s'y jeter après de nombreux détours, l'espace compris entre ces bords et les profondeurs mêmes des courants jusqu'aux lits de cailloux du fond, la surface entière de la vallée, depuis la rivière jusqu'aux montagnes environnantes, étaient tapissés d'une herbe veloutée, verte, épaisse, peu élevée, parfaitement unie, exhalant un parfum de vanille et si émaillée de boutons d'or, de marguerites blanches, de violettes pourpres, d'asphodèles d'un rouge de rubis, que la vive beauté de ce parterre parlait à nos cœurs, en termes pleins d'éloquence, de l'amour et de la gloire de Dieu.

Et çà et là, au milieu de cette herbe, se dressaient, comme dans un rêve bizarre, des bosquets d'arbustes fantastiques, aux longues et sveltes tiges, qui, au lieu de croître tout droit, s'inclinaient avec des courbes gracieuses vers la lumière qui se glissait à midi jusqu'au centre de la vallée. Leur écorce, éclatante mosaïque, brillait de la splendeur alternée de l'ébène et de l'argent; rien au monde n'était plus lisse, sauf la joue d'Éléonore; — si bien que sans les brillantes lignes de verdure des vastes feuilles, qui tremblaient au gré des zéphyrs, on aurait pu les prendre pour d'énormes serpents de Syrie, rendant hommage à leur souverain, le Soleil.

Eléonore et moi, nous nous promenâmes quinze ans dans cette vallée, sa main dans la mienne, avant que l'amour pénétrât dans nos cœurs. Une après-midi, — elle avait quinze ans, j'en avais vingt, — nous nous trouvâmes assis, enchaînés dans les bras l'un de l'autre, à l'ombre de ces arbres pareils à des serpents, contemplant notre image dans les eaux de la rivière du Silence qui coulait au-dessous. Nous ne prononçâmes pas un mot pendant le reste de cette journée; et même le lendemain, nos paroles furent peu nombreuses et nos lèvres tremblèrent en les prononçant. Nous avions tiré le dieu Éros du fond de cette onde, et nous sentions qu'il venait d'allumer en nous l'ardeur qui avait consumé l'âme de nos ancêtres. Les passions et les fantaisies qui avaient distingué notre race pendant des siècles répandirent un bonheur délirant sur la Vallée-aux-Herbes-Multicolores. Tout changea d'aspect. Des fleurs étranges, brillantes, en forme d'étoile, poussèrent tout à coup sur des arbres où l'on n'avait jamais vu éclore un bouton. Le vert du gazon prit une nuance plus foncée; puis, lorsque les marguerites blanches eurent disparu une à une, il s'éleva à leur place des dizaines d'asphodèles d'un rouge de rubis. Et la vie vint animer les sentiers que nous traversions : car le flamant à la taille élevée, que nous n'avions pas aperçu jusqu'alors, se pavana devant nous dans son plumage écarlate, en compagnie de tous les autres oiseaux aux toilettes gaies ou brillantes. Des poissons d'or et d'argent peuplèrent la rivière, du sein de laquelle s'éleva un murmure qui, petit à petit, se transforma en une mélodie assoupissante, plus divine que celle de la lyre d'Éole, — plus douce que quoi que ce soit au monde, sauf la voix d'Éléonore. En ce moment aussi, un vaste nuage, que nous avions longtemps contemplé dans les régions d'Hespérus se mit à flotter vers nous, resplendissant de tons cramoisis et dorés ; il plana paisiblement au-dessus de nous et s'abaissa de jour en jour jusqu'à ce que ses bords reposassent sur les cimes des montagnes, transformant les pénombres en splendeurs, nous renfermant, comme pour toujours, dans une vaste, glorieuse et magique prison.

La beauté d'Éléonore égalait celle des séraphins; elle n'était pourtant qu'une jeune fille sans art, aussi innocente que la courte existence qu'elle avait passée au milieu des fleurs. Elle ne s'avisa d'aucune ruse pour déguiser la ferveur de l'amour qui l'animait et elle examina avec moi les plus secrets recoins de son cœur, tandis que nous parcourions ensemble la Vallée-aux-Herbes-Multicolores, nous entretenant des grandes transformations qui s'y étaient opérées depuis peu.

Enfin, un jour, elle me parla, les yeux tout remplis de larmes, de la dernière et triste transformation qui attend l'humanité. A dater de ce moment, elle s'entretint sans cesse de ce sujet lugubre, dont elle entrelaça toutes ses conversations; — c'est ainsi que, dans les chansons du barde de Schiraz, la même image se représente constamment avec mille variations.

Elle savait le doigt de la Mort posé sur son sein; elle savait que, comme l'éphémère, elle n'avait atteint la beauté parfaite que pour mourir aussitôt; mais pour elle les terreurs de la tombe se résumaient en une seule crainte qu'elle me révéla un soir, à l'heure du crépuscule, non loin de la rivière du Silence. Elle souffrait de penser qu'après l'avoir enterrée dans la Vallée-aux-Herbes-Multicolores, je quitterais pour toujours cette heureuse retraite pour reporter sur une fiancée du monde externe et banal l'amour passionné qu'elle m'inspirait en ce moment. Aussitôt, je me jetai à ses pieds, et je jurai devant elle et devant Dieu que jamais je ne m'unirais dans les liens du mariage avec aucune fille de la terre, qu'en aucune façon je ne serais infidèle à son cher souvenir, ni au souvenir de la sainte affection qui avait fait mon bonheur. Et je pris le tout-puissant Maître de l'univers à témoin de la pieuse solennité de mon serment. Et j'invitai le Seigneur et celle qui allait devenir une sainte dans l'Empyrée, si jamais je manquais à ma promesse, — à me faire sentir le poids d'une malédiction trop terrible pour que j'ose la rapporter ici.

Les yeux brillants d'Éléonore devinrent plus brillants encore lorsqu'elle eut entendu mes paroles, et elle soupira comme si l'on eût débarrassé sa poitrine d'un poids mortel ; elle trembla et pleura amèrement. Mais ce n'était qu'une enfant et elle accepta ma promesse, qui lui rendit paisible son lit de mort. Et elle me dit quelques jours plus tard, tandis que la vie lui échappait doucement, qu'en récompense de ce que j'avais fait pour calmer ses craintes, elle veillerait sur moi, dès que son âme aurait pris son vol, et m'apparaîtrait durant mes veilles nocturnes, si de telles visites ne lui étaient pas interdites. Si la liberté laissée aux élus du paradis ne lui permettait pas d'accomplir cette dernière promesse, elle pourrait toujours, ajoutait-elle, m'annoncer sa présence en m'envoyant ses soupirs dans la brise du soir ou en imprégnant l'air que je respirerais des parfums qu'exhalent les encensoirs des anges. Avec ces paroles sur les lèvres, elle rendit son âme innocente, et sa mort vint mettre un terme à la première période de mon existence.

Jusqu'ici j'ai tout raconté avec une vérité scrupuleuse. Mais dès que je franchis la barrière que la perte de ma bien-aimée forma dans le sentier de ma vie pour aborder les événements survenus au delà, je sens l'ombre s'amasser autour de mon cerveau et je doute que mon récit soit celui d'un homme ayant la plénitude de sa raison. Mais souffrez que je le poursuive. Pour moi les années se traînèrent lourdement et je continuai à vivre dans la Vallée-aux-Herbes-Multicolores, où tout avait subi une nouvelle transformation. Les fleurs en forme d'étoiles, rentrées dans les tiges des arbres, ne se montrèrent plus. Les couleurs du tapis de verdure se fanèrent, et les asphodèles d'un rouge de rubis dépérirent un à un ; on vit s'élever à leur place, dix par dix, des violettes foncées, semblables à des yeux humains et toujours chargées de rosée, qui se tordaient d'un air inquiet. Et la vie disparut aussi de nos sentiers : car le flamant à la taille élevée ne se pavana plus devant nous dans son plumage écarlate ; il s'envola tristement de la vallée vers les collines, en compagnie de tous les gais et brillants oiseaux qui l'avaient accompagné lors de son arrivée. Et les poissons d'or et d'argent remontèrent vers le ravin, à l'extrémité de notre domaine, et ne brillèrent plus jamais dans la charmante rivière. Et la mélodie assoupissante, qui naguère paraissait plus douce encore que celle de la harpe aérienne d'Éole et plus divine que quoi que ce soit au monde, sauf la voix d'Éléonore, s'éteignit peu à peu, se changeant en un murmure de plus en plus vague, jusqu'à ce que la rivière retombât enfin dans la solennité de son silence d'autrefois. Puis, en dernier lieu, le vaste nuage, s'élevant dans les airs, abandonna le sommet de la montagne à son ancienne obscurité, regagna les régions de l'Hespérus et dépouilla ainsi la Vallée-aux-Herbes-Multicolores de tout un monde d'auréoles éclatantes.

Mais Éléonore n'oublia pas ses promesses; car

j'entendais le balancement des divins encensoirs ;
et des bouffées d'un parfum céleste ondulaient sans
cesse dans l'atmosphère de la vallée ; et aux heures
où ma solitude me pesait, lorsque mon cœur battait lourdement, la brise qui baignait mon front
m'arrivait chargée de doux soupirs ; et des murmures indistincts venaient remplir l'air de la nuit ;
et une fois, — une seule fois, — je fus réveillé d'un
sommeil aussi profond que celui de la mort, par la
pression de deux lèvres spirituelles posées sur les
miennes.

Rien, néanmoins, ne put combler le vide de mon
cœur. Je soupirai après l'amour qui l'avait rempli
à déborder. Enfin le séjour de la vallée me devint
pénible à cause des souvenirs d'Éléonore, et je la
quittai à jamais pour les vanités et les triomphes
turbulents du monde. . . . .
. . . .

Je me trouvai dans une cité étrangère, où tout
aurait dû contribuer à effacer de ma mémoire les
doux rêves dont je m'étais longtemps bercé dans
la Vallée-aux-Herbes-Multicolores. La pompe et
l'étalage d'une cour fastueuse, le cliquetis furieux
des armes et la beauté resplendissante des femmes
troublèrent et enivrèrent mon cerveau. Cependant
mon âme était restée fidèle à ses vœux, et les
preuves de la présence d'Éléonore m'arrivaient

encore durant les heures silencieuses de la nuit. Soudain ces manifestations cessèrent, et le monde s'assombrit à mes yeux, et je restai pâle et tremblant devant les pensées dévorantes qui me possédaient et les terribles tentations qui venaient m'assaillir; car il arriva d'une contrée bien, bien lointaine, vers la cour du roi que je servais, une jeune fille devant la beauté de laquelle mon cœur inconstant céda tout de suite, — aux pieds de laquelle je m'étendis sans lutte, dans une adoration d'amour des plus ardentes, des plus soumises. Qu'était donc ma passion pour ma compagne de la vallée à côté de la ferveur, du délire, de l'extase d'admiration qui soulevait mon âme et dans laquelle je répandis mon cœur en larmes aux pieds de mon Ermengarde éthérée? C'était un brillant séraphin que mon Ermengarde! et cette pensée ne laissait aucune place pour d'autres dans mon esprit. C'était une créature divine que l'ange Ermengarde! et tandis que j'interrogeai les profondeurs de ses yeux, qui conservaient comme un souvenir d'un autre monde, je ne songeai qu'à elle et à son regard.

Je la pris donc pour femme; — je ne tremblai pas au souvenir de la cruelle malédiction que j'avais invoquée, et cette malédiction ne m'atteignit pas. Une fois encore, — une seule fois, dans le silence de la nuit! — les doux soupirs que j'avais cessé d'entendre m'arrivèrent à travers la jalousie, et se transformèrent en une voix douce et familière, disant :

« Dors en paix ! car l'Esprit de l'Amour règne et gouverne, et en pressant sur ton cœur passionné celle qui est Ermengarde, tu es absous, pour des motifs qui te seront connus dans le ciel, des vœux faits à Éléonore. »

III

LA CAISSE OBLONGUE

Il y a quelques années, j'avais retenu ma place à bord du beau paquebot l'*Indépendance*, capitaine Hardy, faisant la traversée de Charleston (Caroline du Sud) à New-York. Nous devions mettre à la voile le 15 juin, si le temps le permettait, et j'allai visiter le navire la veille, afin d'examiner ma cabine et prendre les arrangements nécessaires.

J'appris que les passagers seraient fort nombreux et qu'il y aurait plus de dames que d'habitude. Les noms de plusieurs de mes connaissances se trouvaient inscrits sur la liste des voyageurs, et je fus charmé d'y découvrir, entre autres, celui de Cornelius Wyatt, jeune artiste pour lequel j'avais la plus vive amitié. Nous avions étudié ensemble à l'université de C....., où nous nous étions beaucoup fréquentés. Il était ce que sont la plupart des hommes de génie, c'est-à-dire que son caractère offrait un mélange de misanthropie, de sensibilité et d'enthousiasme. Ajoutez à cela qu'il avait le cœur le plus loyal et le plus sincère qui ait jamais battu dans une poitrine d'homme.

Je remarquai qu'on avait cloué sa carte sur la porte de trois chambres ; je consultai de nouveau la liste et je vis qu'il avait retenu des places pour ses deux sœurs, sa femme et lui. Les cabines étaient assez grandes et renfermaient deux cadres placés l'un au-dessus de l'autre. Ces cadres, il est vrai, étaient trop étroits pour que deux personnes pussent y coucher ; mais cette circonstance ne m'expliquait pas pourquoi il avait fallu une troisième chambre pour ces quatre passagers.

A cette époque, je me trouvais justement dans une de ces dispositions d'esprit où il suffit d'une bagatelle pour exciter une curiosité anomale, et, je l'avoue à ma honte, je me livrai, à propos de cette chambre supplémentaire, à une foule de suppositions aussi absurdes qu'indiscrètes. Cela ne me regardait pas le moins du monde, j'en conviens ; mais je n'en mis pas moins d'obstination à vouloir résoudre l'énigme.

Après avoir réfléchi un peu, je trouvai une solution si simple que je m'étonnai d'avoir eu à la chercher si longtemps.

« Parbleu ! me dis-je, il y a un domestique. Je suis bien sot de n'avoir pas deviné tout de suite une chose aussi évidente ! »

Et je consultai encore une fois la liste ; mais alors je vis clairement qu'ils s'étaient décidés à voyager sans domestique, bien qu'ils eussent d'abord eu l'intention d'emmener quelqu'un ; car les mots *et une femme de chambre* avaient été biffés à la suite de leurs noms.

« Bon, me dis-je, Wyatt aura sans doute loué la troisième chambre pour y placer un excédant de bagage, qu'il ne veut pas voir descendre dans la cale, un objet de prix qu'il craint de perdre de vue. Ah ! j'y suis !... c'est un tableau ou quelque chose de ce genre ; voilà donc ce qu'il allait marchander chez le juif italien Nicolino !

Je m'arrêtai à cette hypothèse et ma curiosité satisfaite ne tarda pas à s'endormir pour le moment.

Je connaissais très-bien les deux sœurs de Wyatt, aimables et spirituelles jeunes filles ; mais je n'avais pas encore rencontré sa femme, qu'il n'avait épousée que depuis peu et dont il avait souvent parlé en ma présence avec son enthousiasme habituel. Selon lui, elle surpassait toutes les autres femmes en beauté, en esprit et en talent. J'étais donc très-désireux de faire sa connaissance.

Le jour où je me rendis à bord, c'est-à-dire le 14, j'appris du capitaine que Wyatt et ces dames devaient aussi visiter le navire, et j'attendis une heure de plus que je n'en avais eu l'intention, dans l'espoir d'être présenté à la nouvelle mariée ; mais on apporta enfin une lettre d'excuses : madame Wyatt, se sentant un peu indisposée, prévenait qu'elle ne viendrait que le lendemain, à l'heure du départ.

Le lendemain, comme je sortais de mon hôtel pour aller au port, je rencontrai le capitaine qui m'annonça qu'il pensait que des circonstances imprévues (phrase stupide, mais très-commode) pourraient bien retarder d'un jour ou deux le départ de l'*Indépendance*, et qu'il me ferait prévenir dès que tout serait prêt.

Ce délai me parut étrange ; car le vent du sud, qui soufflait en ce moment, nous était favorable ; mais j'eus beau questionner M. Hardy, je ne pus découvrir quelles étaient les *circonstances imprévues* qui nous retenaient. Il ne me resta donc plus qu'à rentrer chez moi et à digérer à loisir mon impatience.

Le message attendu n'arriva guère qu'au bout de huit jours; mais enfin je le reçus, et je me rendis immédiatement à bord. Les passagers encombraient déjà le pont, où tout respirait le tumulte et le désordre d'un embarquement. Wyatt et ses compagnes de voyage arrivèrent environ une dizaine de minutes après moi. Il y avait les deux sœurs, la mariée et l'artiste, qui paraissait dans un de ses accès de misanthropie taciturne, auxquels j'étais trop habitué pour y faire grande attention. Il ne me présenta même pas à sa femme, et sa sœur Marianne, jolie et intelligente jeune personne, dut se charger de cette présentation.

Madame Wyatt portait un voile épais, et j'avoue que j'éprouvai un profond étonnement lorsqu'elle le souleva afin de me rendre mon salut. Ma surprise eût été plus grande encore, si une longue expérience ne m'eût appris à me méfier des descriptions passionnées de l'artiste, lorsqu'il se livrait à des commentaires sur la beauté d'une femme. Heureusement, je savais qu'en pareil cas, il s'élevait facilement jusqu'aux régions du plus pur idéal.

A vrai dire, il me fut impossible de ne pas regarder madame Wyatt comme une femme des plus ordinaires. Si elle n'était pas absolument laide, il ne s'en fallait pas de beaucoup. Cependant, elle était mise avec un goût exquis, et je me persuadai d'ailleurs que c'était par les qualités plus durables du cœur et de l'esprit qu'elle avait captivé mon ami. Elle ne prononça que quelques paroles et entra avec Wyatt dans sa cabine.

Ma curiosité endormie se réveilla tout à coup. Il n'y avait pas de domestique, la chose était prouvée. Je me mis donc en quête du bagage supplémentaire. Au bout d'une demi-heure, je vis une charrette s'arrêter sur le quai et y déposer une caisse oblongue. On ne paraissait plus attendre que cela ; dès l'arrivée de cette boîte, nous levâmes l'ancre ; bientôt après nous traversions sains et saufs la barre et gagnions le large.

La caisse en question, ainsi que je l'ai déjà dit, était de forme oblongue ; elle pouvait avoir six pieds de long sur deux et demi de large ; je l'examinai avec attention, tandis qu'on la transportait sur le pont, et d'ailleurs, j'aime à être précis. Or cette forme n'est pas commune, et à peine eus-je considéré la boîte que je m'applaudis d'avoir deviné si juste. On se souvient que j'étais arrivé à la conclusion que le bagage supplémentaire de mon ami l'artiste devait se composer de tableaux ou tout au moins d'un tableau ; car je savais qu'il avait été pendant plusieurs semaines en pourparlers avec Nicolino. Et voilà que j'avais sous les yeux une caisse qui, vu sa forme, ne pouvait guère contenir autre chose qu'une copie de la *Sainte Cène* de Leonardo, et il était à ma connaissance qu'une copie de cette toile, exécutée à Florence par Rubini jeune, avait été achetée par Nicolino. Ce point-là me semblait donc clairement établi.

Je me félicitai beaucoup de ma perspicacité. Wyatt me confiait habituellement ses projets de ce genre ; mais il était clair qu'aujourd'hui il voulait jouer au plus fin avec moi et introduire un beau tableau dans la ville de New-York à mon nez et à ma barbe, convaincu que je ne me douterais de rien.

Je résolus de lui rendre la monnaie de sa pièce et durant la traversée et plus tard.

Une chose cependant me dérouta. La caisse ne fut pas déposée dans la chambre supplémentaire ; on la mit dans la cabine même de Wyatt, où elle resta, couvrant presque tout le plancher, et où elle devait d'autant plus incommoder l'artiste et sa femme que le goudron ou la peinture dont les emballeurs s'étaient servis pour tracer l'adresse en gros caractères me paraissait émettre une odeur désagréable et même nauséabonde. On lisait sur le couvercle : MADAME ADELAÏDE CURTIS, AUX SOINS DE CORNELIUS WYATT, ESQ.—ALBANY—NEW YORK—HAUT—FRAGILE.

Or je savais que madame Adélaïde Curtis était la belle-mère de Wyatt ; mais je regardai cette inscription comme une mystification à mon adresse, persuadé que la caisse et son contenu n'iraient pas plus loin que l'atelier de mon misanthrope ami, et seraient déposés devant sa porte, dans Chambers-street, New-York.

Pendant les trois ou quatre premiers jours, nous eûmes un temps magnifique, bien que le vent se fût tourné vers le nord dès que nous eûmes perdu de vue la côte. Les passagers étaient donc dans les meilleures dispositions et très-sociables. Je dois pourtant excepter Wyatt et ses sœurs, qui firent preuve d'une grande roideur, je dirai même d'une grande impolitesse envers leurs compagnons de voyage. Quant à Wyatt, je ne m'attendais guère à autre chose de sa part. Il était plus sombre que jamais ; il était même morose ; mais chez lui aucune excentricité ne me surprenait. Pour ses sœurs, au contraire, je ne trouvai pas d'excuse. Elles restèrent enfermées dans leur cabine, refusant, malgré mes instances réitérées, de se mêler aux autres passagers.

Madame Wyatt se montra beaucoup plus aimable ou du moins beaucoup plus disposée à causer, ce qui, en mer, n'est pas une petite recommandation. Elle ne tarda pas à se lier très-intimement avec la plupart des dames du bord; et à mon grand étonnement, je remarquai qu'elle était toujours prête à faire la coquette avec les hommes. Elle nous amusait beaucoup. Je dis qu'elle nous *amusait* et je ne sais trop comment m'expliquer. Le fait est que je découvris bientôt que si elle faisait rire, c'était presque toujours à ses dépens.

Les hommes ne parlaient guère d'elle; mais les dames ne tardèrent pas à déclarer que c'était une bonne femme, pas jolie du tout, sans éducation aucune et très-commune. On se demandait comment Wyatt avait pu se laisser aveugler au point de contracter un pareil mariage, et l'on cherchait à résoudre la question par la supposition d'une grande dot. Mais je savais que cette solution n'en était pas une; car le peintre m'avait affirmé que sa femme ne lui apportait pas un dollar et n'avait rien à espérer de qui que ce fût.

« Je l'ai épousée par amour, rien que par amour, m'avait-il dit, et elle est plus que digne de la tendresse qu'elle m'inspire. »

J'avoue qu'en songeant aux paroles de mon ami, je me sentis vivement intrigué. Wyatt était-il donc en train de perdre la raison? Je ne pus guère arriver à une autre conclusion. Lui, si délicat, si spirituel, si difficile, doué d'un sens si fin lorsqu'il s'agissait de découvrir un défaut; d'un sentiment

3.

si exquis du beau! La dame, il est vrai, semblait lui porter une affection des plus vives, surtout lorsqu'il n'était pas présent, et elle se rendait ridicule par ses nombreuses citations de ce qu'avait dit ou pensé *son cher mari.* Elle avait sans cesse le mot mari sur le bout de la langue, pour employer une des élégantes expressions qu'elle affectionnait. Quant à Wyatt, tout le monde à bord put voir qu'il évitait sa femme de la façon la plus marquée et se tenait la plupart du temps renfermé dans sa cabine, laissant madame se divertir comme elle l'entendait.

Je supposai, d'après ce que je voyais et entendais, que l'artiste, par un caprice inexplicable du sort, ou peut-être dans un accès d'engouement, s'était uni à une personne inférieure à lui sous tous les rapports, et qu'un rapide et complet dégoût avait été la conséquence de cette union malheureuse. Je le plaignais du fond du cœur; mais ce n'était pas une raison pour lui pardonner son manque de franchise relativement à la copie de la *Sainte Cène* et je comptais bien le punir de son peu de confiance.

Un jour qu'il se promenait sur le pont, je lui pris le bras et me mis à causer avec lui en marchant. Sa tristesse, qui me parut fort naturelle lorsque je songeai à sa position, était loin d'avoir diminué. Il parla peu, d'un ton chagrin et avec une sorte d'effort. J'essayai de l'égayer par diverses plaisanteries. Il s'efforça de sourire; mais son sourire faisait mal à voir. Pauvre garçon! En songeant à sa femme, je m'étonnai qu'il pût même simuler la gaieté. Enfin, je résolus de porter le grand coup. Mon intention était d'arriver, par une suite d'insinuations voilées, à lui démontrer que je n'étais pas tout à fait dupe et victime de sa charmante petite mystification. Je dis quelque chose à propos de la forme bizarre de *cette caisse;* puis je souris d'un air narquois en clignant de l'œil et en lui touchant doucement les côtes avec mon index.

La façon dont il accueillit mon innocente raillerie me prouva à l'instant même qu'il avait perdu la raison. Il me regarda d'abord avec de grands yeux interrogateurs; on eût dit qu'il cherchait à saisir le sel de ma plaisanterie; puis, lorsqu'il parut enfin comprendre le sens de mes paroles, ses yeux semblèrent sortir de leur orbite. Il devint très-rouge, puis d'une pâleur effrayante; puis tout à coup, comme si mes allusions indirectes l'eussent amusé au dernier point, il abandonna mon bras et se laissa aller à un fou rire, dont les éclats, à ma grande stupeur, se prolongèrent avec une force toujours croissante pendant près de dix minutes. Enfin, le rire s'éteignit et l'artiste tomba à la renverse sur le pont. Lorsque je me baissai pour le relever, il paraissait mort.

J'appelai à son secours, et ce ne fut pas sans peine qu'on parvint à le faire revenir à lui. En rouvrant les yeux, il prononça quelques paroles incohérentes. On crut devoir le saigner, et on le mit au lit. Le lendemain, sa santé paraissait complétement rétablie ; je ne parle pas, bien entendu, de son état moral, mais de sa santé physique.

Je l'évitai autant que possible pendant le reste du voyage, d'après les conseils du capitaine, qui semblait partager mon opinion relativement à la folie de Wyatt, tout en me priant de n'en rien dire à personne.

Plusieurs circonstances qui suivirent de près cet accès contribuèrent à augmenter la curiosité que je ressentais déjà. Celle-ci, entre autres : J'avais été nerveux ; j'avais fait des débauches de thé vert, et je dormais mal ; — à vrai dire, je fus même deux nuits sans fermer les yeux. Or, ma chambre donnait, comme celle de tous les passagers non mariés, sur le salon d'honneur, tandis que les cabines de Wyatt se trouvaient dans le salon d'arrière, séparé de l'autre par une porte à coulisse qui restait libre, même la nuit.

Il ventait frais, et nous étions constamment sur

babord; il arrivait naturellement que, dès que le navire inclinait de ce côté, le panneau de la porte glissait dans sa rainure et restait ouvert, personne ne se donnant la peine de se lever pour le fermer.

Moi-même, je laissais ma porte ouverte à cause de la chaleur, et mon hamac était placé de façon à me permettre de voir ce qui se passait dans le salon d'arrière, surtout du côté où se trouvaient les trois chambres retenues par le peintre.

Eh bien, pendant les deux nuits — non consécutives — dont j'ai parlé, je vis madame Wyatt sortir vers onze heures de la chambre de son mari et entrer dans la cabine restée vide, qu'elle ne quitta qu'au point du jour, lorsque l'artiste vint l'appeler et la fit rentrer chez lui. Il était clair qu'ils vivaient séparés. Ils avaient chacun leur appartement, en attendant un divorce plus complet. C'est ainsi, après tout, que s'expliquait la location de la troisième chambre.

Un autre incident vint exciter en moi un nouvel intérêt. Durant les deux nuits blanches en question, lorsque madame Wyatt eut laissé son mari seul, j'entendis un bruit singulier, comme circonspect et amorti, sortir de la chambre de ce dernier. Après avoir prêté l'oreille pendant cinq minutes, je parvins à en découvrir la cause. Ces sons provenaient des efforts que faisait Wyatt pour ouvrir la caisse oblongue à l'aide d'un maillet ou d'un ciseau qui paraissait avoir été enveloppé de laine ou de coton afin d'amortir le bruit. Il me sembla reconnaître le moment précis où il dégageait le couvercle, l'enlevait et le déposait sur le cadre inférieur de sa cabine; je devinai cela au léger bruit que faisait le couvercle en frappant contre les parois du lit où Wyatt cherchait à le poser le plus doucement possible, le plancher n'offrant pas une surface suffisante.

Ensuite le silence se rétablit et je n'entendis plus rien, si ce n'est pourtant quelque chose comme des sanglots ou des soupirs étouffés,—un murmure tellement vague que c'est à peine s'il arrivait jusqu'à moi. Peut-être même ces derniers sons n'existaient-ils que dans mon imagination.

J'ai dit que cela paraissait ressembler à des sanglots ou à des soupirs; mais il est clair que ce ne pouvait être ni l'un ni l'autre de ces bruits. Je crois plutôt que les oreilles me tintaient. Wyatt, selon sa coutume, lâchait sans doute la bride à ses dadas et se livrait à un de ses accès d'enthousiasme artistique. Il avait ouvert sa caisse oblongue afin de se repaître les yeux de la vue de son trésor.

Il n'y avait certes rien là qui dût le faire sangloter. Ce n'était probablement, je le répète, qu'un jeu de mon imagination, excitée par le thé vert du bon capitaine Hardy.

Quoi qu'il en soit, au point du jour, j'entendis fort distinctement Wyatt reposer le couvercle sur la caisse et enfoncer les clous dans leurs anciens trous à l'aide du maillet enveloppé. Cette opération terminée, il sortit de sa chambre, tout habillé, et alla chercher madame Wyatt.

Il y avait sept jours que nous étions en mer, et vous venions de passer au large du cap Hatteras, lorsqu'il nous arriva un violent coup de vent de la partie sud-est. Nous nous y attendions jusqu'à un certain point; car, depuis plusieurs jours déjà, le temps menaçait. On prit toutes les dispositions nécessaires; et comme le vent fraîchissait avec une violence constante, nous mîmes enfin en panne sous la brigantine et le petit hunier, auxquels nous prîmes deux ris.

Ainsi orientés, nous voguâmes avec assez de sécurité pendant quarante-huit heures. Notre navire étant bon marcheur sous bien des rapports, nous n'embarquâmes que fort peu d'eau. Mais au bout de ce temps, la rafale se transforma en tempête et notre brigantine fut mise en pièces, ce qui nous amena entre deux lames, et nous reçûmes, coup sur coup, plusieurs vagues énormes. Cet accident nous enleva trois hommes, que les flots emportèrent en se retirant ainsi que nos fourneaux et la plus grande partie de nos hauts bordages de bâbord.

A peine avions-nous eu le temps de nous reconnaître que notre hunier fut également mis en pièces. Nous le remplaçâmes par une voile d'étai, qui fit assez bien pendant une ou deux heures, le navire fatiguant beaucoup moins qu'auparavant.

Cependant la tempête augmentait et rien n'indiquait qu'elle dût se calmer de si tôt. Nos agrès étaient mal ajustés et très-tendus. Le troisième jour de cet orage, vers cinq heures de l'après-midi, notre mât d'artimon se rompit dans une embardée. Il nous fallut plus d'une heure d'efforts pour nous en débarrasser, tant étaient durs les roulis qui ébranlaient le navire; et avant que nous eussions réussi, le maître charpentier monta sur le pont et déclara qu'il y avait quatre pieds d'eau dans la cale. Pour comble d'embarras, les pompes étaient engorgées et presque inutiles.

« Alors ce ne fut que désordre et désespoir. On essaya néanmoins d'alléger le navire en jetant à la mer tout ce qu'on put atteindre de la cargaison et en abattant les deux mâts restés debout. Nous y parvînmes enfin; mais les pompes refusaient toujours de fonctionner, et la voie d'eau gagnait avec une rapidité effrayante.

Au soleil couchant, le vent ayant un peu molli, la mer devint moins agitée, et nous entrevîmes la possibilité de nous sauver dans les canots. Vers huit heures de l'après-midi, les nuages commencèrent à se dissiper, et nous fûmes favorisés par un magnifique clair de lune, ce qui contribua à relever notre courage.

Nous parvînmes enfin, après des efforts inouis, à mettre la chaloupe à flot sans lui faire éprouver de grosse avarie. Notre équipage tout entier s'y embarqua, ainsi que la plus grande partie des passagers. Elle s'éloigna immédiatement. Ceux qu'elle contenait eurent à endurer d'horribles souffrances; mais ils atteignirent enfin sains et saufs la baie d'Ocracoke, trois jours après le naufrage.

Quatorze personnes, au nombre desquelles se trouvait le capitaine, étaient restées à bord du navire, décidées à confier leur sort au petit canot amarré à l'arrière. Nous l'abaissâmes sans la moindre difficulté ; mais il ne fallut rien moins qu'un miracle pour l'empêcher de sombrer au moment où il toucha l'eau. Lorsque nous poussâmes au large, il contenait le capitaine et son fils, Wyatt et ses parentes, un officier mexicain avec sa femme et quatre enfants, moi et un domestique nègre.

Naturellement, il n'y avait place dans le canot

que pour les instruments indispensables, pour quelques provisions et pour les effets que nous portions sur nous. Personne n'avait même songé à sauver autre chose. On se figurera aisément quel fut notre étonnement à tous, lorsque nous vîmes Wyatt se lever à l'arrière (nous étions déjà à plusieurs brasses du navire) et prier tranquillement le capitaine de donner l'ordre de rétrograder, afin qu'il pût prendre sa caisse.

« Asseyez-vous, monsieur Wyatt ! cria le commandant d'une voix irritée. Vous allez faire chavirer le canot, si vous ne vous tenez pas tranquille. Notre plat-bord est déjà dans l'eau.

—Ma caisse ! vociféra Wyatt toujours debout. Je la veux, vous dis-je ! Capitaine, vous ne pouvez pas, vous ne voudrez pas me refuser !..... Elle ne pèse rien, presque rien, une bagatelle ! Au nom de la mère qui vous a porté, au nom du ciel, par votre espoir de salut, je vous en conjure, laissez-moi prendre ma caisse ! »

Le ton suppliant de Wyatt parut émouvoir le capitaine ; mais cette émotion fut de courte durée, et il répondit :

« Monsieur Wyatt, vous êtes fou ! Je ne puis vous écouter.... Asseyez-vous à l'instant, je vous l'ordonne !... Arrêtez ! Retenez-le ! Saisissez-le ! Il va se jeter à l'eau... Là, j'en étais sûr ! le voilà à la mer ! »

En effet, tandis que le capitaine parlait, Wyatt avait pris son élan et s'était précipité hors du canot. Nous étions encore sous l'écoute du navire, et l'artiste, par un effort presque surhumain, parvint à saisir l'extrémité d'un cable qui pendait des chaînes de l'avant. L'instant d'après, il était sur le pont et s'élançait avec des gestes de possédé dans la cabine.

Cependant, nous avions été emportés malgré nous, et comme nous n'étions plus sous le vent du navire, nous nous trouvions à la merci d'une mer encore orageuse. Nous fîmes néanmoins une tentative désespérée pour rebrousser chemin ; mais notre petit canot pesait moins qu'une plume devant le souffle de la tempête. Nous reconnûmes tout de suite qu'il n'était pas en notre pouvoir de sauver l'infortuné artiste.

Tandis que nous nous éloignions rapidement du navire, nous vîmes le pauvre fou (comment lui donner un autre nom ?) remonter par la grande écoutille, traînant avec lui la caisse oblongue, dont le poids semblait exiger une force gigantesque. Comme nous le contemplions avec une surprise mêlée de pitié, il passa à plusieurs reprises autour de la caisse une corde de trois pouces, qu'il s'attacha ensuite autour de la taille. Un instant après, l'artiste et la boîte tombaient à la mer et disparaissaient tout à coup et à jamais !

Nous nous reposâmes un instant sur nos avirons, les yeux fixés sur l'endroit fatal. Enfin, nous nous remîmes à ramer. Il s'écoula une heure avant qu'aucun de nous prononçât une parole. Je fus le premier à risquer une observation.

« Avez-vous remarqué, capitaine, avec quelle rapidité il a disparu ? N'est-ce pas étrange ? J'avoue que je conservais encore un faible espoir lorsque je l'ai vu s'attacher à la caisse.

—Parbleu ! ils ont coulé comme un boulet, c'est tout simple ! interrompit le commandant. Mais ils finiront par remonter ; seulement, pour cela, *il faut que le sel ait eu le temps de fondre.*

—Le sel ! m'écriai-je.

—Chut ! fit le capitaine en désignant les sœurs de Wyatt, nous trouverons un moment plus opportun pour causer de cela. »

Nous eûmes beaucoup à souffrir et nous vîmes la mort de bien près. Mais le sort nous favorisa autant que nos compagnons d'infortune de la chaloupe, et nous débarquâmes enfin plus morts que vifs, après quatre jours d'une terrible détresse, sur la côte située en face de l'île de Roanoke. Nous y passâmes une semaine avant de trouver un bâtiment pour nous transporter à New-York.

Un mois environ après le naufrage de l'*Indé-*

pendance, je rencontrai le capitaine Hardy dans Broadway. Notre conversation roula naturellement sur le sinistre et particulièrement sur la fin tragique de ce pauvre Wyatt. C'est ainsi que j'appris les détails qui suivent :

L'artiste avait retenu des places pour ses deux sœurs, sa femme, et une servante.

Madame Wyatt, ainsi qu'on me l'avait représentée, était une personne ravissante et des plus accomplies. Dans la matinée du 14 juin (jour où j'avais visité le navire), elle était tombée malade très-subitement, si malade que le soir même elle avait cessé de vivre. Le jeune veuf devint presque fou de douleur; mais les circonstances lui commandaient de ne pas trop retarder son voyage. Il voulait ramener à sa belle-mère les restes mortels de de celle qu'il avait tant aimée. D'un autre côté, il connaissait trop bien le préjugé universel qui s'opposait à l'exécution de ce pieux devoir, pour songer à le braver ouvertement. Neuf dixièmes des passagers eussent abandonné le navire plutôt que de consentir à voyager avec un cadavre.

Pour sortir de ce dilemme, le capitaine avait décidé que le corps, après avoir été embaumé, serait entouré de sel et placé dans une caisse d'une dimension convenable. On ne devait rien dire de la mort de madame Wyatt; mais comme on savait qu'une place avait été retenue pour elle, il devenait indispensable que quelqu'un jouât son rôle pendant la traversée.

On avait eu peu de peine à décider la femme de chambre de la défunte à accepter cet emploi. On s'était contenté de garder la cabine qu'on avait d'abord retenue pour cette fille du vivant de sa maîtresse. La fausse épouse s'y retirait chaque nuit. Le jour elle remplissait de son mieux le rôle de madame Wyatt, dont la personne,—ainsi qu'on avait eu soin de s'en assurer, — n'était connue d'aucun des passagers.

Les erreurs que j'avais commises étaient les conséquences assez naturelles de mon tempérament à la fois trop indolent, trop curieux et trop primesautier. Mais depuis quelque temps, il m'arrive rarement de dormir d'un sommeil tranquille. J'ai beau me tourner et me retourner, je vois toujours le même visage. Il est un rire hystérique qui résonnera sans cesse à mon oreille.

IV

LE CADAVRE ACCUSATEUR

Je veux me poser en OEdipe de l'énigme de Rattlebourg. Je vais expliquer, comme moi seul je suis à même de le faire, le mystérieux engrenage des faits qui ont préparé le miracle dont on s'émerveille encore, — miracle constaté, prouvé, avéré, qui a mis un terme à l'infidélité rattlebourgeoise et ramené à la foi bien des sceptiques endurcis.

Cet événement, dont je serais le dernier à vouloir parler avec une légèreté inconvenante, arriva vers la fin de l'été de 18...

M. Barnabé Shuttleworthy, un des citoyens les plus respectés de la ville, avait disparu depuis quelques jours dans des circonstances qui firent soupçonner un guet-apens. Un samedi matin, de fort bonne heure, il avait traversé à cheval la grande rue de Rattlebourg. On savait que son intention était de se rendre à la ville de X..., située à une distance d'environ quinze milles, et de revenir le soir du même jour. Mais il y avait à peine deux heures qu'il s'était mis en route, lorsqu'on vit arriver son cheval, sans cavalier et débarrassé de la petite valise qu'il portait au départ, bouclée à la selle. La pauvre bête, d'ailleurs, était blessée et couverte de boue. Ces circonstances excitèrent naturellement de vives inquiétudes chez les amis du personnage disparu; aussi, la matinée du dimanche s'étant passée sans que celui-ci fût revenu, les habitants du bourg se levèrent en masse pour aller à la recherche du cadavre.

Personne ne témoigna plus d'empressement, plus d'ardeur en cette occasion que l'ami intime de M. Shuttleworthy, un M. Charles Bonenfant, ou *ce cher vieux Charly*, ainsi qu'on le désignait ordinairement.

Or, je ne sais à quoi cela tient; j'ignore quelle mystérieuse influence ce nom peut exercer sur ceux qui le portent; mais toujours est-il que les Charles sont francs, courageux, honnêtes, bienveillants, pleins de cœur, doués d'une voix claire et sympathique qui réjouit ceux qui l'entendent, d'un regard qui ne vous arrive jamais de travers, et qui semble dire : « J'ai la conscience tranquille, je n'ai peur de personne et suis incapable de commettre une bassesse. » C'est pour cela qu'au théâtre tous les oncles d'Amérique, tous les gros sans-souci s'appellent Charles.

Donc notre vieux Charly, bien qu'il n'habitât guère Rattlebourg depuis plus de six mois et que personne ne connût ses antécédents, n'avait eu aucune peine à se lier avec les gens les plus respectables de la ville. Il n'y avait pas un seul Rattlebourgeois qui ne lui eût avancé un billet de cinq cents sans autre garantie qu'une promesse verbale de remboursement. Quant aux femmes, je ne sais pas ce qu'elles n'auraient pas fait pour l'obliger. Et tout cela, parce que son parrain avait eu la bonne idée de lui donner le nom de Charles et parce qu'il possédait, en conséquence, un de ces visages ingénus que lord Chesterfield nous donne pour la meilleure des lettres de recommandation.

J'ai dit que le respectable M. Shuttleworthy était le plus riche des Rattlebourgeois. Il vivait avec Charly Bonenfant sur un pied d'intimité fraterternelle. Les deux vieux gentlemen demeuraient porte à porte, et bien que M. Shuttleworthy visitât rarement son voisin et n'eût jamais mangé une seule bouchée chez lui, ce dernier allait deux ou trois fois par jour s'informer de la santé de son ami. Il restait fort souvent à déjeûner ou à goûter et presque toujours à dîner. Il serait difficile de préciser la quantité de vin que les deux convives ingurgitaient en une seule séance. Le vieux Charly avait un faible pour le château-margaux, et cela réjouissait le cœur de l'hôte de voir la façon dont son invité absorbait cette excellente boisson. Aussi, un certain soir, lorsqu'ils eurent expédié à eux deux pas mal de bouteilles, Shuttleworthy s'écria en frappant familièrement l'épaule de son camarade :

« Sais-tu, mon vieux Charly, que tu es sans aucun doute le plus aimable compagnon que j'aie rencontré de ma vie ? Tiens, puisque tu lèves si bien le coude, je veux te faire cadeau d'une caisse de château-margaux. Nom d'un petit bonhomme !... (il avait la mauvaise habitude de jurer; mais il n'allait jamais plus loin que *sac à papier !* ou *nom d'une pipe !*)... je vais écrire cette après-midi même à mes fournisseurs et leur donner l'ordre de t'expédier de la ville une double caisse du meilleur vin qu'ils pourront trouver et je t'en ferai cadeau. Pas un mot ! J'y suis bien décidé, te dis-je; c'est entendu, tu recevras mon présent un de ces beaux jours, au moment où tu t'y attendras le moins. »

Je cite ce trait de générosité tout bonnement pour montrer la grande intimité qui existait entre les deux amis.

Or, le dimanche en question, lorsque la nouvelle se répandit qu'on craignait que M. Shuttleworthy eût été victime d'un mauvais coup, Charly témoigna une émotion dont je ne l'aurais pas cru capable. En apprenant que le cheval de son ami était revenu tout seul, sans la valise, couvert de sang, blessé d'une balle qui lui avait traversé la poitrine sans le tuer tout à fait,—en apprenant cela, il devint aussi pâle que si le propriétaire du pauvre animal eût été son frère ou son père, et se mit à trembler comme une feuille.

Au premier moment, il parut trop accablé de douleur pour pouvoir agir ou juger ce qu'il y avait de mieux à faire; de sorte qu'il conseilla aux amis de M. Shuttleworthy de se tenir cois, disant qu'il valait mieux attendre une semaine ou deux, et même un mois ou deux, pour voir si l'on ne recevrait pas des nouvelles de M. Shuttleworthy, ou s'il ne reviendrait pas lui-même expliquer pourquoi il avait envoyé son cheval en avant. Le lecteur aura sans doute remarqué que cette tendance à l'inaction est assez générale chez les gens qui se trouvent sous le coup d'une violente douleur. Une sorte de torpeur semble s'emparer de leur esprit et leur inspirer l'horreur du mouvement; ils se plaisent à rester au lit afin de *dorloter leur chagrin,* comme disent les vieilles commères, c'est-à-dire afin de ruminer leur douleur.

Les Rattlebourgeois avaient une si haute opinion de la sagesse et de la discrétion du vieux Charly, qu'ils paraissaient disposés à suivre ce conseil et à ne faire aucune démarche immédiate. Je crois même que l'avis du digne gentleman aurait prévalu sans l'intervention inopportune du neveu de M. Shuttleworthy, jeune homme fort dissipé et jouissant d'ailleurs d'une assez mauvaise réputation. Ce neveu, qui se nommait Pennyfeather, ne voulut pas entendre raison. Il s'indigna quand on parla de ne pas bouger et insista au contraire pour qu'on cherchât de suite *le cadavre de la victime.* Je cite les propres expressions du jeune homme. M. Bonenfant fit remarquer, avec beaucoup de justesse, que *c'était là une singulière façon de s'exprimer, pour ne rien dire de plus.* Cette observation ne manqua pas de produire un certain effet sur l'auditoire, et un des assistants demanda d'un ton significatif si M. Pennyfeather connaissait assez bien les circonstances de la disparition de son oncle pour se croire autorisé à affirmer sans détour que ce digne gentleman n'était plus qu'un cadavre et une victime? A ce propos, quelques paroles amères furent échangées, surtout entre M. Bonenfant et M. Pennyfeather. Toutefois, une discussion entre ces deux derniers personnages ne devait étonner personne; car depuis trois ou quatre mois, ils ne vivaient pas en bonne intelligence. Les choses étaient même allées si loin qu'un jour M. Bonenfant avait été renversé d'un coup de poing par le neveu de son ami, qui voulait, disait-il, lui apprendre à se conduire d'une façon convenable dans la maison d'autrui. Dans cette circonstance difficile, Charly fit preuve d'un sang-froid exemplaire et d'une charité toute chrétienne. Il se releva, répara le désordre de sa toilette et ne tenta pas de tirer vengeance de l'affront qu'il venait de recevoir. Il se contenta, dans un premier mouvement d'irritation bien naturelle, de s'écrier qu'on lui payerait ça un jour ou l'autre,—menace assez vague, qui ne signifiait rien et aussi vite oubliée que prononcée, je n'en doute pas.

Quoi qu'il en soit (tout cela d'ailleurs ne se rattache guère à l'affaire en question), il est certain que les habitants de Rattlebourg, à l'instigation de M. Pennyfeather, se décidèrent à se diviser en groupes afin de parcourir les environs à la recherche de M. Shuttleworthy. Du moins, tel fut leur première idée. Dès qu'on eut résolu de se mettre en quête de l'absent, tout le monde crut qu'on se diviserait par bandes afin de visiter à la fois tout le voisinage. Cela allait sans dire, pensait-on. Mais M. Bonenfant trouva des arguments fort ingénieux pour prouver que ce serait la plus grande sottise qu'on pût commettre. Je ne me rappelle pas quels raisonnements il employa ; je sais seulement qu'il finit par convaincre son auditoire, à l'exception toutefois de M. Pennyfeather. Bref, il fut convenu que les Rattlebourgeois procéderaient en masse à une battue en règle, sous la conduite de Bonenfant.

Il faut convenir qu'ils auraient eu de la peine à trouver un meilleur guide que le vieux Charly, que tout le monde savait posséder des yeux de lynx ; mais bien qu'il les conduisît dans les endroits les plus ignorés, les plus incroyables, par des chemins dont personne ne soupçonnait l'existence, et bien que les recherches durassent déjà depuis près de huit jours, on ne découvrit aucune trace de M. Shuttleworthy. Quand je dis *aucune,* je me trompe ; car on avait pu suivre la piste du vieillard (grâce à l'empreinte laissée par les fers de son cheval qui étaient d'une forme peu commune) jusqu'à un endroit situé à environ trois milles à l'ouest du bourg, sur le chemin menant à la ville, où la piste prenait une allée de traverse qui, coupant un petit bois, ramenait à la grande route de façon à abréger le voyage d'environ un demi-mille. Les chercheurs arrivèrent enfin auprès d'une mare à moitié cachée par des ronces et qui se trouvait à droite du sentier. En face de l'étang, toute trace des pas du cheval disparaissait. On eut dit qu'une lutte avait eu lieu à cet endroit, qu'on avait tiré du sentier jusqu'à la mare quelque chose de plus grand et de plus lourd qu'un corps humain. A deux reprises, on dragua la flaque d'eau, mais sans y rien découvrir ; la bande allait s'éloigner en désespoir de cause, lorsque la Providence suggéra à M. Bonenfant l'idée d'un drainage complet. Cette proposition fut accueillie avec enthousiasme et l'on adressa à M. Bonenfant une foule de compliments sur sa sagesse et son esprit d'initiative. Comme beaucoup de Rattlebourgeois s'étaient armés de bêches en prévision d'un cadavre à déterrer, on eut bientôt drainé l'étang, dont le fond ne fut pas plus tôt à jour qu'on y aperçut un objet qu'on ne tarda pas à reconnaître pour un gilet de soie noire appartenant à M. Pennyfeather. Ce gilet était tout déchiré et taché de sang ; plusieurs des assistants se rappelèrent l'avoir vu sur le jeune homme, le matin même du départ de M. Shuttleworthy ; tandis que d'autres étaient prêts, au besoin, à déclarer sous la foi du serment, qu'à la fin de cette mémorable journée, M. Pennyfeather portait un gilet de couleur différente. Personne ne lui avait vu le premier à partir de la disparition du vieillard.

Les choses commençaient à prendre une assez vilaine tournure pour M. Pennyfeather ; on remarqua qu'il était devenu très-pâle et n'avait rien trouvé à répondre, lorsqu'on lui avait demandé des explications. Son trouble confirma les soupçons. Les rares amis que sa vie dissolue n'avait pas éloignés de lui l'abandonnèrent un à un sans exception, et mirent encore plus d'aigreur que ses ennemis avoués à réclamer son arrestation. Mais, d'un autre côté, la magnanimité de M. Bonenfant n'en brilla que d'un plus vif éclat, par le seul effet du contraste. Il défendit M. Pennyfeather dans un petit discours plein d'éloquence, où il fit plus d'une allusion au pardon généreux que lui-même avait accordé à ce jeune écervelé, *l'héritier du digne* M. Shuttleworthy, lorsque ce jeune homme l'avait insulté d'une façon si grossière.

« Je lui pardonne de tout mon cœur, dit-il, et je regrette que les faits lui soient si défavorables. Cependant je suis si loin de vouloir envisager les choses sous le plus mauvais jour que je ferai tout ce qui dépendra de moi, que j'emploierai le peu d'éloquence que je possède, afin d'adoucir, autant que ma conscience me le permettra, les graves présomptions qui semblent s'élever contre ce malheureux jeune homme. »

M. Bonenfant parla encore une demi-heure sur ce ton-là, et son discours annonçait autant d'intelligence que de bonté ; par malheur, les gens doués d'une âme aussi tendre n'ont pas toujours beaucoup de suite dans les idées. Emportés par leur zèle, il commettent une foule de bévues, et, avec les meilleures intentions du monde, font plus de tort que de bien à ceux dont il embrassent la cause.

C'est ce qui arriva, par exemple, au vieux Charly, malgré son éloquence. Il eut beau faire monts et merveilles en faveur de l'inculpé ; il arriva, je ne sais trop comment, que ses paroles, sans doute à son insu, ne tendirent qu'à donner une très-haute opinion de l'orateur, et loin de dissiper les doutes dont Pennyfeather était l'objet, soulevèrent contre lui une indignation de plus en plus vive.

Une des erreurs les plus inconcevables commises par le généreux défenseur, fut de désigner le coupable supposé comme *l'héritier de son digne ami*. Personne ne se serait avisé de songer à cela. On se rappelait seulement certaines menaces, proférées une année ou deux auparavant, par l'oncle, qui n'avait plus d'autre parent que ce neveu. Les Rattlebourgeois étaient gens si naïfs qu'ils croyaient tout bonnement que ces menaces avaient été suivies d'exécution et que Shuttleworthy avait en effet déshérité le jeune homme ; mais la remarque de Charly leur avait donné à penser qu'après tout, ces menaces pouvaient bien n'avoir été que des paroles en l'air. Puis vint, naturellement, l'importante question *cui bono?* — question qui tendait encore plus que la présence du gilet dans l'étang à convaincre Pennyfeather d'un crime horrible.

Qu'on me permette ici une petite digression. Je désire faire remarquer, en passant, que la locution latine si simple et si laconique dont je me suis servi, *cui bono?* a toujours été mal comprise et mal traduite. Dans les romans fashionables et ailleurs, par exemple, dans ceux de madame Gore (charmante dame qui sait toutes les langues, depuis le chaldéen jusqu'au chicksaw, bien qu'elle se fasse aider par M. Beckford dans ses travaux littéraires[1]), — dans les romans fashionables, dis-je, depuis ceux de l'illustre Bulwer jusqu'à ceux de MM. Deux-sous-la-ligne, Ainsworth

---

[1] Les lecteurs des amusants romans de madame Gore ont parfois été surpris des connaissances polyglottes de cette dame ; on sait aujourd'hui que Beckford, l'excentrique auteur de *Vathek*, a fourni les citations grecques, latines et autres dont sont émaillés au moins un des ouvrages en question.

(*Note du traducteur.*)

et Cᵉ, ces deux petits mots, *cui bono?* sont rendus par *à quel propos?* ou (si c'est *quo bono?*) par *à quoi bon?* Or, ils signifient *pour qui est-ce un bien?* ou *qui en profite?* C'est un simple terme de jurisprudence qui s'applique justement aux cas analogues à celui qui nous occupe, lorsqu'on veut prouver que tel ou tel individu a dû commettre tel crime, parce que lui seul en profite.

Or, dans les circonstances actuelles, la question *cui bono?* compromettait singulièrement M. Pennyfeather! Son oncle, après avoir fait un testament en sa faveur, avait menacé de le déshériter; mais la menace n'avait pas été suivie d'exécution; car le testament existait toujours. S'il eût été détruit ou changé, le parent qu'on soupçonnait n'aurait été poussé à commettre le meurtre que par un besoin de vengeance;—encore aurait-il été retenu par l'espoir de rentrer dans les bonnes grâces de son oncle. Mais le testament étant resté intact, tandis que la menace de le détruire demeurait toujours suspendue sur la tête de l'héritier, le jeune homme avait le plus grand intérêt à se défaire du vieillard. Telle fut la conclusion très-raisonnable à laquelle on arriva.

M. Pennyfeather fut donc arrêté sans plus de cérémonie, et les Rattlebourgeois, après avoir inutilement prolongé leurs recherches, retournèrent chez eux avec leur prisonnier. Durant le trajet, une nouvelle circonstance vint confirmer les soupçons. On vit M. Bonenfant, qui, dans son zèle, marchait en avant, faire quelques pas en courant, se baisser, puis ramasser dans l'herbe un objet qu'il parut examiner à la hâte. On remarqua qu'il essayait de cacher cet objet dans la poche de son paletot; mais il s'y prit si maladroitement qu'on s'aperçut que c'était un couteau catalan, qu'on le somma d'exhiber. Une douzaine de témoins reconnurent cette arme pour avoir appartenu à M. Pennyfeather, dont les initiales se trouvaient d'ailleurs gravées sur le manche. Le couteau était ouvert et la lame tachée de sang.

A partir de ce moment, on cessa de mettre en doute la culpabilité du jeune homme, et dès qu'on arriva à Rattlebourg, on le conduisit devant un magistrat.

Les affaires du prévenu prirent de nouveau une tournure très-défavorable. Le prisonnier, interrogé sur l'emploi de son temps le matin de la disparition de M. Shuttleworthy, eut l'audace d'avouer qu'il se trouvait à la chasse dans le voisinage immédiat de la mare, où grâce à la sagacité de Bonenfant, on avait découvert le gilet ensanglanté.

Ce témoin se présenta en dernier lieu et demanda, avec des larmes dans les yeux, à faire sa déposition. Il dit qu'un sentiment sévère des devoirs qu'il avait à remplir envers son créateur et envers ses semblables lui défendait de garder plus longtemps le silence. Jusqu'à ce moment, la sincère affection qu'il portait au neveu de son ami, bien que ce jeune étourdi eût manqué d'égards envers lui, l'avait engagé à formuler toutes les hypothèses imaginables afin d'expliquer d'une façon favorable les faits qui incriminaient M. Pennyfeather; par malheur, ces faits étaient trop convaincants, trop clairs. Il ne lui était donc plus permis d'hésiter, ajoutait-il; il se croyait tenu de révéler tout ce qu'il savait, dût son cœur se briser dans l'accomplissement de ce pénible devoir.

Il raconta alors que la veille du jour où M. Shuttleworthy avait disparu, ce digne gentleman avait annoncé à son neveu qu'il se rendrait le lendemain à la ville voisine, afin de confier une somme très-considérable à la *Banque Provinciale*. Puis, en présence de M. Bonenfant, il avait déclaré audit neveu qu'il était irrévocablement décidé à annuler certain testament et à ne pas laisser un sou à son unique parent. Le témoin, en terminant, somma l'accusé de déclarer si ces détails n'étaient pas de la plus exacte vérité. Au grand étonnement de l'auditoire, M. Pennyfeather répondit que tout cela était parfaitement vrai.

Le magistrat crut devoir envoyer deux agents opérer une perquisition dans la chambre que l'accusé occupait chez son oncle. Ceux-ci ne tardèrent pas à revenir avec un portefeuille à coins d'acier qu'on était habitué, depuis des années, à voir entre les mains de M. Shuttleworthy; mais ce portefeuille ne renfermait plus rien. Le magistrat chercha en vain à arracher des aveux au prévenu, qui refusa de dire ce qu'il avait fait des valeurs soustraites. Il s'obstina à répondre qu'il ne savait rien. Les agents avaient aussi découvert, dans la paillasse du malheureux jeune homme, une chemise et un mouchoir marqués à ses initiales et qui paraissaient tachés de sang.

Sur ces entrefaites, on apprit que le cheval de M. Shuttleworthy venait de mourir des suites de sa blessure. M. Bonenfant proposa une autopsie afin de retrouver la balle. Aussitôt dit, aussitôt fait. Le vieux Charly, après s'être donné beaucoup de peine, finit par découvrir dans la poitrine de l'animal une balle d'un calibre peu commun qui s'adaptait exactement au canon du fusil de M. Pennyfeather. Comme pour prévenir la possibilité d'une méprise, cette balle portait une marque qui correspondait au défaut d'un moule que le prévenu reconnut pour lui appartenir. Lorsqu'on eut examiné ces deux pièces de conviction, le magistrat renvoya le prévenu devant les prochaines assises et refusa d'accepter caution. M. Bonenfant lui adressa en vain des remontrances à ce sujet, offrant de déposer lui-même la somme qu'on jugerait à propos d'exiger. Cette nouvelle preuve de générosité de la part du vieux Charly s'accordait avec la conduite aimable et chevaleresque qu'il avait tenue depuis son séjour à Rattlebourg. Seulement, il faut avouer qu'en cette occasion le digne homme s'était laissé emporter par un excès de dévouement et de sympathie, attendu qu'en offrant de servir de caution, il oubliait qu'il ne possédait guère que des dettes.

On devinera aisément le résultat du renvoi de M. Pennyfeather devant les assises. Il fut jugé à la session suivante, au milieu des bruyantes exécrations de la population rattlebourgeoise. Les preuves, appuyées de faits supplémentaires que la conscience de M. Bonenfant ne lui permit pas de taire, étaient si accablantes que le jury déclara, sans quitter la salle, que l'accusé était coupable de meurtre avec préméditation. Le malheureux fut donc condamné à mort et réintégré dans la prison du comté pour y attendre l'exécution de la sentence.

Cependant, la noble conduite de Charly Bonenfant avait augmenté l'estime et l'amitié que lui portaient les Rattlebourgeois. Il devint dix fois plus populaire que par le passé et pour répondre à l'hospitalité avec laquelle on le traita, il se relâcha des habitudes de parcimonie qu'une gêne momentanée lui avait sans doute imposée jusqu'alors, et nous eûmes chez lui diverses petites réunions dont l'ennui et la formalité furent exclus. Il va sans dire que la gaieté de ces charmantes soirées se trouva tempérée par le souvenir du sort aussi triste qu'inattendu réservé au neveu de feu l'ami intime de notre hôte.

Un beau matin, cet excellent gentleman reçut une lettre qui le surprit fort agréablement. Elle était ainsi conçue :

CH. BONENFANT, ESQ., RATTLEBOURG.
Chât. Mar. A. N. 1.

Monsieur,

D'ordre et pour compte de notre honoré correspondant, M. Barnabé Shuttleworthy, et conformément aux instructions que nous avons reçues de lui, nous avons l'honneur d'expédier à votre adresse, deux mois après le reçu de sa lettre, une caisse de château-margaux, marquée et numérotée comme en marge.

Nous avons l'honneur, etc.

HOGGS, FROGS, BOGS ET Cie.

P. S. La caisse vous parviendra par roulage accéléré. Nos respects à M. Shuttleworthy.

Le fait est que M. Bonenfant, depuis la mort de son ami, avait renoncé à tout espoir de recevoir la caisse de vin qu'on lui avait promise ; il regarda donc cet envoi comme une dispensation spéciale de la Providence en sa faveur. Il fut enchanté, naturellement, et dans l'exubérance de sa joie, il invita un grand nombre d'amis à souper avec lui le lendemain, afin de déguster le cadeau du bon M. Shuttleworthy. Non qu'il eût songé à prononcer le nom de son pauvre ami en formulant ses invitations. Il y pensa sans doute beaucoup ; mais il se décida à ne rien dire. Si j'ai bonne mémoire, il ne confia même à personne qu'on lui avait fait cadeau d'une caisse de château-margaux. Il se contenta de prier ses amis de venir l'aider à boire quelques bouteilles d'un excellent crû qu'il avait commandées et qu'il attendait le lendemain. Je n'ai jamais pu deviner pourquoi Charly jugea à propos de ne pas annoncer que ce vin était un cadeau de son ami défunt, mais il est probable qu'il avait d'excellentes raisons pour cela.

Le lendemain soir, une société nombreuse et choisie se trouvait donc réunie chez M. Bonenfant. Je puis même dire qu'une bonne moitié des habitants de Rattlebourg s'y trouvait. J'avais été invité un des premiers, bien entendu. La soirée se passa très-gaiement ; mais, au grand ennui de notre hôte, le château-margaux, qu'il attendait depuis le matin, ne fut annoncé que fort tard, lorsque nous avions déjà fait honneur au somptueux souper du vieux Charly. Le vin arriva enfin, au moment où on y songeait le moins. C'était un fameux vin, je vous en réponds. La société fut très-réjouie de l'arrivée de ce renfort de bouteilles; on décida à l'unanimité que la bienheureuse caisse serait hissée à l'instant même sur la table et qu'on en déballerait sans retard le précieux contenu.

On se mit immédiatement à l'œuvre. Je donnai un coup de main, et, en un clin d'œil, la caisse fut placée sur la table, au milieu des bouteilles et des verres, dont un grand nombre furent brisés dans ce remue-ménage. Le vieux Charly, déjà à moitié ivre et le visage enluminé, se leva d'un air plein de dignité et, frappant sur la table avec une carafe, réclama le silence pendant la cérémonie, c'est-à-dire « pendant qu'on déterrerait le nectar. »

Peu à peu le tumulte s'apaisa, et ainsi qu'il arrive souvent en pareil cas, il s'ensuivit un silence profond. M. Bonenfant m'ayant prié d'enlever le couvercle, je me conformai à son désir avec le plus grand plaisir du monde. Je fis usage d'un ciseau auquel je donnai quelques légers coups de marteau. Le haut de la caisse sauta brusquement, comme mû par un ressort, et l'on vit se dresser sur son séant, juste en face de notre hôte, le cadavre meurtri, ensanglanté, à moitié décomposé de l'infortuné M. Shuttleworthy. La victime, fixant sur M. Bonenfant le regard attristé de ses yeux éteints, prononça lentement, mais distinctement ces paroles :

« C'est toi qui es mon assassin ! »

Puis, comme satisfait de cette dénonciation, le cadavre retomba hors du cercueil et alla rouler sur la table.

Il faut renoncer à décrire la scène qui s'ensuivit. On s'étouffait pour gagner les portes ou les croisées, et plus d'un homme robuste fut impressionné au point de se trouver mal. Mais le premier moment de terreur passé, tous les regards se dirigèrent vers M. Bonenfant. Dussé-je vivre encore cent ans, jamais je n'oublierai l'angoisse et la pâleur plus que mortelle de sa physionomie naguère si rubiconde et si triomphante. Pendant une minute ou deux, il resta aussi immobile qu'une statue de marbre ; ses yeux, qui paraissaient ne rien voir, semblaient absorbés dans la contemplation de son crime. Enfin, la conscience du monde externe vint de nouveau les éclairer. Se redressant brusquement, il s'élança de son siége et retomba lourdement la tête sur la table, presque en contact avec le cadavre. Alors il fit d'une voix rapide et entrecoupée l'aveu détaillé de l'horrible meurtre pour lequel M. Pennyfeather avait été condamné.

Voici, en peu de mots, le résumé de cette confession. Ayant suivi sa victime jusque dans le voisinage de la mare, il avait abattu le cheval d'un coup de pistolet et profité de la chute de l'animal pour assassiner le cavalier; puis, il s'était emparé du portefeuille de sa victime. Croyant le cheval mort, il l'avait traîné à grand'peine vers les broussailles qui entourent l'étang. Il avait ensuite mis le cadavre de M. Shuttleworthy sur son cheval à lui, et l'avait ainsi transporté dans un endroit écarté, au fond de la forêt.

Le gilet, le couteau, le portefeuille et la balle avaient été placées par lui aux endroits où on les avait trouvés; car il désirait se venger de M. Pennyfeather. C'est lui aussi qui avait amené la découverte de la chemise et du mouchoir tâchés de sang.

Vers la fin de ce récit, bien fait pour donner la chair de poule, la voix du misérable assassin devint caverneuse et entrecoupée. Enfin, lorsqu'il eut achevé ses aveux, il se leva, s'éloigna en trébuchant de la table, puis tomba à la renverse, *roide mort!*

Rien de plus simple que les moyens, si efficaces pourtant, employés par moi pour arracher au meurtrier une confession si opportune. La franchise si excessive du sieur Bonenfant m'avait dégoûté au point de m'inspirer des soupçons dès le commencement. Témoin de la scène du coup de poing donné par M. Pennyfeather, j'avais été frappé de l'expression diabolique qui avait animé les traits du vieux Charly. Ce ne fut qu'un éclair; mais il n'en avait pas fallu davantage pour me convaincre que le parasite ne manquerait pas de se venger dès qu'il en trouverait l'occasion. J'étais donc disposé à envisager ses manœuvres sous un autre jour que les Rattlebourgeois. Je remarquai tout d'abord que les découvertes compromettantes pour M. Pennyfeather provenaient directement ou indirectement de M. Bonenfant. Mais ce qui acheva de m'ouvrir les yeux, ce fut l'affaire de la balle. Les Rattlebourgeois oubliaient (mais moi je me le rappelais), que le plomb qui avait blessé la bête était entré d'un côté et ressorti de l'autre. Donc, il était clair que celui qui avait découvert la balle n'était qu'un habile escamoteur. Cette conviction me donna à penser que les autres preuves pouvaient bien avoir été préparées de la même façon. Lorsque je songeai à tout cela, lorsque je remarquai, en outre, que depuis la mort de son ami, M. Bonenfant se montrait plus généreux et dépensait beaucoup plus d'argent qu'autrefois, je sentis naître

5.

en moi certains soupçons, qui n'en étaient pas moins vifs parce que je ne les confiais à personne.

Je me livrai donc, de mon côté, à d'actives recherches, dans l'espoir de retrouver le corps de M. Shuttleworthy, et, pour d'excellentes raisons, je les dirigeai dans un sens contraire à celui que M. Bonenfant avait cru devoir donner aux siennes. Le résultat fut qu'au bout de quelques jours, je tombai sur un vieux puits dont l'orifice était presque bouché par des broussailles et au fond duquel je trouvai ce que je cherchais.

Or, le hasard voulait que j'eusse entendu l'entretien des deux vieillards, le jour où M. Bonenfant avait cajolé son ami de façon à se faire offrir une caisse de château-margaux. Ce fut là-dessus que je fondai mon plan d'opération. Je me procurai un long et solide morceau de baleine, que je fis entrer dans le cadavre par la gorge; ensuite, je déposai le défunt dans une vieille caisse à vin, ayant soin de ployer le corps de façon à doubler en même temps la baleine. Je fus même obligé de presser vigoureusement le couvercle afin de le retenir, tandis que je le clouai; je prévoyais naturellement que le couvercle sauterait en l'air et que le cadavre se redresserait, dès qu'on aurait retiré les clous.

Ayant ainsi disposé ma boîte à surprise, j'eus soin de marquer, de numéroter et d'adresser la caisse comme on l'a vu ; puis, après avoir écrit une lettre au nom des fournisseurs ordinaires de M. Shuttleworthy, j'ordonnai à mon domestique de transporter le colis chez M. Bonenfant à un signal convenu. Quant aux paroles accusatrices que j'avais l'intention de faire sortir de la bouche du cadavre, je me fiais à mon talent de ventriloque; et je m'en rapportais aux remords du misérable assassin pour assurer l'effet qu'elles devaient produire.

Je crois qu'il ne me reste plus rien à expliquer. On relâcha sur-le-champ M. Pennyfeather, qui hérita de la fortune de son oncle, profita des leçons de l'expérience, s'amenda et mena désormais un autre genre d'existence.

V

LE SYSTÈME DU DOCTEUR GOUDRON ET DU PROFESSEUR PLUME

Vers l'automne de 18.., durant un voyage d'agrément dans les provinces extrêmes du sud de la France, la route que je suivais à cheval me conduisit à quelques milles d'une maison de santé dont j'avais beaucoup entendu parler durant mon séjour à Paris. N'ayant jamais visité un asile de ce genre, je ne voulus pas laisser échapper l'occasion, et je proposai à mon compagnon, un monsieur dont j'avais fait la connaissance par hasard peu de jours avant, de nous détourner une heure ou deux de notre chemin afin d'inspecter cet établissement. Il s'y refusa, prétextant d'abord qu'il était pressé, puis avouant que la vue des aliénés lui causait une horreur insurmontable. Il m'engagea néanmoins à ne pas renoncer, par un simple motif de politesse, à satisfaire ma curiosité, attendu qu'il poursuivrait à loisir son chemin, de façon à me permettre de le rejoindre dans le courant de la journée où le lendemain au plus tard. Tandis qu'il prenait congé de moi, l'idée m'étant venue qu'il me serait peut-être difficile d'obtenir l'autorisation désirée, je lui exprimai mes craintes à cet égard. Il me répondit qu'en effet, à moins d'être connu de l'administrateur, M. Maillard, ou muni d'une lettre d'introduction, il s'élèverait sans doute des obstacles, le règlement des maisons de santé étant plus sévère que celui des hospices. Mais il ajouta qu'il avait été lié autrefois avec ce M. Maillard, et que rien ne s'opposait à ce qu'il me servît de guide et me présentât à son ami, bien qu'il lui répugnât de m'accompagner dans ma visite.

Je le remerciai. Quittant la grande route, nous suivîmes un sentier de traverse peu fréquenté, à en juger par l'herbe qui y poussait. Au bout d'une demi-heure, ce sentier nous conduisit dans un bois épais, au pied d'une montagne. Nous fîmes environ deux milles à travers la forêt sombre et humide avant d'apercevoir la maison de santé. C'était un ancien château, construction assez bizarre et fort délabrée que le temps et le manque de réparations semblaient même avoir rendue inhabitable. L'aspect de l'édifice me causa une terreur si réelle que j'arrêtai un instant mon cheval, presque décidé à revenir sur mes pas. Bientôt, cependant, j'eus honte de ce mouvement de faiblesse.

Nous approchions de la grille, lorsque je la vis s'entr'ouvrir et j'aperçus le visage d'un homme qui nous observait. L'instant d'après, il vint vers nous, accosta mon compagnon par son nom, échangea avec lui une cordiale poignée de main et l'invita à mettre pied à terre. C'était M. Maillard en personne, gentleman de la vieille école, de bonne mine et de forte encolure, aux manières polies, dont le maintien imposait par un certain air de gravité, de dignité et d'autorité.

La présentation faite, mon ami expliqua que je désirais visiter l'établissement, et dès que M. Maillard eut assuré qu'on satisferait ma curiosité le mieux possible, le cavalier me dit adieu et je ne le revis plus.

Quand il eut disparu, l'administrateur me conduisit dans un salon de petite dimension, mais où régnait le plus grand ordre, et où l'on voyait, entre autres preuves des goûts distingués de mon hôte, une quantité de livres, de dessins, des pots de fleurs et des instruments de musique. Un bon feu flambait joyeusement dans l'âtre. Une jeune et belle personne, assise devant le piano où elle chantait une ariette de Bellini, s'interrompit à mon approche pour me recevoir avec une gracieuse courtoisie. Le ton de sa voix était peu élevé, et tout en elle respirait un certain air de résignation. Je crus aussi reconnaître les traces d'une profonde douleur sur sa physionomie, dont la pâleur excessive n'avait rien qui me déplût. Elle était en grand deuil et m'inspirait un sentiment de respect mêlé d'admiration et d'intérêt.

J'avais ouï dire à Paris que la maison où je me trouvais était gouvernée d'après la méthode connue sous le nom de « système de la douceur; » — qu'on n'y infligeait aucune punition; — qu'on y avait rarement recours à la réclusion solitaire; — que les malades, surveillés en secret, y jouissaient en apparence d'une liberté assez complète, et que la plupart d'entre eux pouvaient se promener à leur guise dans les bâtiments ou dans le parc, vêtus comme les gens du dehors.

Me rappelant ces détails, j'eus soin d'user de discrétion en présence de la jeune dame; car je n'étais pas certain qu'elle eût sa raison. Je remarquai d'ailleurs dans son regard un éclat inquiet qui ne me rassurait qu'à moitié. Aussi, je me bornai à causer de choses banales, qui ne me semblaient pas de nature à irriter ou même à exciter une pauvre malade. Elle répondit de la façon la plus raisonnable à mes remarques; bien plus, ses propres observations annonçaient un solide bon-sens; mais une longue étude de la métaphysique de l'aliénation mentale m'avait appris à ne pas me fier à un pareil symptôme, et je ne me départis pas, durant le reste de l'entretien, de la réserve dont j'avais fait preuve dès le début.

Au bout de quelque temps, un domestique de bonne tenue et en livrée apporta un plateau chargé de fruits, de vin et d'autres rafraîchissements, dont je pris ma part, et la dame ne tarda pas à se retirer. Tandis qu'elle s'éloignait, j'adressai à mon hôte un coup d'œil interrogateur.

—Non, dit-il, oh non! C'est une de mes parentes,—ma nièce,—une femme des plus accomplies.

—Je vous demande mille pardons de ma méprise, répliquai-je; mais vous daignerez l'excuser. On connaît à Paris l'excellente méthode que vous avez adoptée,—j'ai cru qu'il était possible, vous savez....

—Comment donc! Vous n'avez nullement à vous excuser,—ce serait plutôt à moi de vous remercier de votre louable discrétion. Il est rare de rencontrer tant de prévoyance chez un homme aussi jeune. Nous avons eu à déplorer plus d'un accident par suite de l'étourderie de quelques-uns de nos visiteurs. Lorsque l'ancien système était en vigueur, et qu'on permettait aux malades d'errer çà et là en toute liberté, ils ont souvent été mis en fureur par la conduite inconsidérée des personnes que je recevais. Aussi, me suis-je vu obligé d'exclure rigoureusement les curieux et de ne plus admettre que des gens sur la prudence desquels je crois pouvoir compter.

—Lorsque l'*ancien* système était en vigueur ? répétai-je. Dois-je donc comprendre que vous avez renoncé à ce « système de la douceur » dont on m'a tant parlé ?

—Il y a déjà plusieurs semaines que nous avons changé tout cela, répliqua-t-il.

—En vérité, vous m'étonnez !

—Nous avons fini par reconnaître, reprit-il avec un soupir, qu'il faut absolument revenir aux vieux moyens. Le système de la douceur a toujours présenté des dangers terribles, et l'on en a beaucoup exagéré les avantages. Je crois, monsieur, que si jamais cette méthode a été l'objet d'une épreuve impartiale, ç'a été dans notre établissement. Nous n'avons rien négligé de ce que l'humanité, la raison pouvaient suggérer. Je regrette qu'une visite un peu moins tardive ne vous ait pas mis à même de juger par vous-même. Mais je présume que vous connaissez la méthode en question,—que les détails du traitement vous sont familiers?

—Pas tout à fait. Ceux qui me les ont donnés ne savaient rien de positif.

—Eh bien, je vous dirai, en termes généraux, que le système consistait à ménager les malades, à ne jamais les contrarier. Nous ne discutions aucune des fantaisies qui leur passaient par la tête. Loin de là, non-seulement nous feignions d'y croire; mais nous les encouragions, et c'est ainsi que nous avons obtenu quelques-unes de nos cures les plus permanentes. Aucun argument ne frappe un esprit malade comme le *reductio ad absurdum*. Nous avons eu, par exemple, des pensionnaires qui se figuraient être des poulets. Le traitement se bornait à insister sur la vérité du fait,—à accuser le patient de stupidité, parce qu'il ne s'en montrait pas assez convaincu,—et à lui refuser pendant une semaine toute autre nourriture que celle qui convient à des volailles. De cette façon, avec un peu de blé et de gravier, on accomplissait des prodiges.

—Mais on ne se contentait pas d'une simple adhésion?

—Du tout. Nous comptions beaucoup aussi sur d'innocentes distractions, telles que la musique, la danse, les exercices gymnastiques en général, les cartes, la lecture de livres d'un certain genre, etc. Nous feignions de traiter chaque individu pour une infirmité ordinaire; et l'on ne prononçait jamais le mot de folie. Une de nos grandes ressources consistait à nous arranger de façon à ce que chaque malade surveillât, en quelque sorte, la conduite de ses compagnons. Ayez l'air de vous en rapporter à l'intelligence et à la sagesse d'un fou et vous vous l'attacherez corps et âme. C'est ainsi que nous avons pu nous dispenser d'un régiment coûteux de gardiens.

—Et vous n'infligiez aucun châtiment?

—Aucun.

—Et vous n'enfermiez jamais vos malades?

—Très-rarement. De temps à autre, lorsque survenait une crise, un soudain accès de fureur, chez un de nos pensionnaires, nous l'enfermions dans une cellule isolée, de peur que son état n'exerçât une influence contagieuse, et nous l'y laissions jusqu'à ce que ses amis vinssent le chercher; nous ne recevons pas les fous furieux, confiés d'ordinaire aux établissements publics.

—Et vous avez changé tout cela, et vous croyez avoir bien fait?

—Certes. Le système de la douceur avait ses désavantages et même ses dangers. C'est un bonheur qu'il ait cessé d'être employé dans les maisons de santé de France.

—Ce que vous me dites là m'étonne beaucoup, répliquai-je ; j'avais la conviction qu'on ne suivait plus d'autre traitement dans tout le pays.

—Vous êtes encore jeune, mon ami, répondit mon hôte ; mais le temps viendra où vous apprendrez à juger par vous-même de ce qui se passe dans le monde, au lieu de vous en rapporter aux bavardages d'autrui. Ne croyez rien de ce que vous entendrez et la moitié seulement de ce que vous verrez. En ce qui concerne les maisons de santé, il est clair qu'un âne bâté vous aura induit en erreur. Après dîner, lorsque vous serez assez remis de la fatigue de votre course à cheval, je me ferai un plaisir de vous montrer mon établissement et de vous initier à une méthode, qui, à mon sens et dans l'opinion de ceux qui l'ont vue fonctionner, est incomparablement la plus efficace qu'on ait encore découverte.

—Une méthode de vous ? demandai-je. Une méthode que vous avez inventée ?

—Je suis fier de le reconnaître, du moins dans une certaine mesure.

Je continuai à causer de la sorte avec M. Maillard pendant une heure ou deux, tandis qu'il me montrait les jardins et les serres de son établissement.

« Je ne vous présenterai pas encore mes malades, me dit-il. Pour un esprit impressionnable, c'est toujours là un spectacle plus ou moins douloureux ; et je ne veux pas gâter votre appétit. Nous dînerons. Je vous donnerai du *veau à la Sainte-Ménéhould* et des *choux-fleurs au velouté*, que nous arroserons d'un verre de clos Vougeot, —cela vous remontera les nerfs. »

A six heures, on annonça le dîner, et mon hôte me conduisit vers une grande salle à manger, où une nombreuse société se trouvait rassemblée— vingt-cinq à trente personnes environ. C'étaient, selon toute apparence, des gens de condition, évidemment fort bien élevés, quoique leur toilette, à mon goût, fût d'une richesse extravagante et rappelât un peu trop le luxe fastueux de la vieille cour. Je remarquai que les deux tiers au moins des convives appartenaient au beau sexe ; et la mise de beaucoup d'entre elles n'eût pas semblé de bon goût à une Parisienne de ce temps-là. Plusieurs de ces dames, par exemple, qui ne pouvaient avoir moins de soixante-dix ans, portaient une profusion de bijoux, tels que bagues, bracelets ou boucles d'oreille, et découvraient leurs poitrines et leurs bras d'une façon scandaleuse. Je m'aperçus aussi que la majorité des robes étaient mal faites, —ou plutôt qu'elles allaient fort mal à celles qui les portaient. En regardant autour de moi, je vis l'intéressante jeune personne à qui M. Maillard m'avait présenté dans le petit salon ; mais quelle fut ma surprise en la retrouvant vêtue d'un cerceau ou d'un vertugadin, avec des souliers à talons élevés, coiffée d'un bonnet de dentelles ternies qui, beaucoup trop grand pour elle, lui rapetissait le visage d'une manière risible. Lors de notre première rencontre, elle portait une toilette de deuil qui lui seyait à ravir. Bref, les costumes des convives en général péchaient par quelque chose d'étrange qui me fit songer de nouveau au système de la douceur, et je m'imaginai que M. Maillard ne voulait me détromper qu'après dîner, afin de m'éviter l'impression désagréable que je devais ressentir en me sachant à table avec des aliénés ; mais je me rappelai avoir entendu dire, à Paris, que les méridionaux se distinguent entre tous par leur excentricité, et qu'ils ont conservé une foule de notions surannées. D'ailleurs, je n'eus pas plus tôt causé avec deux ou trois de mes commensaux que mes appréhensions se dissipèrent.

La salle à manger, bien qu'assez confortable peut-être et de bonne dimension, n'avait rien d'élégant. Par exemple, le plancher n'était pas tapissé ; — du reste, c'est là un luxe dont on se dispense fréquemment en France. Il n'y avait pas non plus de rideaux aux fenêtres ; des barres de fer, posées en diagonale, comme celles de nos devantures de boutiques, assujettissaient les volets fermés. Je remarquai que la salle formait à elle seule une aile du château, de sorte que les fenêtres occupaient trois côtés du parallélogramme, tandis que la porte s'ouvrait sur le quatrième.

Le couvert avait été mis avec le plus grand luxe. La table, chargée d'argenterie, était surchargée de mets succulents. C'était une profusion vraiment barbare. Il y avait assez de viande pour rassasier les Anakim. De ma vie je n'ai vu une pareille abondance, un tel gaspillage des bonnes choses de ce monde. Toutefois rien n'était disposé avec goût, et mes yeux, peu habitués à une lumière aussi vive, furent terriblement blessés par l'éclat prodigieux d'une multitude de bougies qui brûlaient dans des candélabres d'argent posés sur tous les points de la table ou de la salle où l'on avait pu trouver une place vide. Plusieurs domestiques très-alertes s'occupaient du service ; et sur une seconde table, tout au fond de la salle, se tenaient assis sept ou huit individus armées de violons, de fifres et de trombones. L'un d'eux avait même un tambour. Ils m'agacèrent outre mesure en tirant, par intervalles, de leurs instruments une variété infinie de bruits qui avaient la prétention d'être de la musique et qui semblaient mettre en joie le reste de la société.

En somme, je ne pus m'empêcher de penser que la scène et les acteurs portaient un cachet de bizarrerie; mais, enfin, le monde est un amalgame de toutes sortes de gens, de toutes sortes d'idées, de toutes sortes de coutumes de convention. D'ailleurs, j'avais assez voyagé pour appartenir à l'école du *nil admirari;* je m'installai donc tranquillement à la droite de mon hôte, et comme je jouissais d'un excellent appétit, je fis honneur à la bonne chère étalée devant moi.

Cependant la conversation s'animait et devenait générale. Les dames, selon leur coutume, parlèrent sans relâche. Je ne tardai pas à voir que la plupart des convives ne manquaient pas de distinction; mon hôte ne tarissait pas en anecdotes humoristiques. Il paraissait tout disposé à parler de sa position comme directeur de la maison; je m'aperçus même, non sans surprise, que la folie était pour mon entourage un sujet d'entretien favori.

« Nous avons eu chez nous, me dit un gros petit bonhomme assis à ma droite, un pauvre diable qui se figurait être une théière. A propos, n'est-il pas fort étrange que cette idée-là s'empare de tant de malades? Il existe à peine en France une maison d'aliénés où l'on ne soit sûr de rencontrer une théière humaine. La nôtre était en métal anglais et avait soin de se polir tous les matins avec un morceau de peau de daim et du blanc d'Espagne.

—Et puis, dit un grand monsieur, placé juste en face de moi, nous avons eu,—il n'y a pas si longtemps,—un individu qui se croyait un âne. Vous me direz que, métaphoriquement parlant, il ne se trompait pas. Un âne bien incommode ! On avait de la peine à le maintenir dans les bornes. Pendant plusieurs mois, il a voulu manger chaque matin une poignée de chardons ; mais on l'a bien vite eu guéri en affirmant avec insistance qu'il ne devait pas se nourrir d'autre chose. En outre, il lançait sans cesse des ruades... tenez, comme ceci...

—Monsieur de Kock, je vous prie de vous tenir tranquille ! interrompit une vieille dame qui se trouvait à côté de l'orateur. Veuillez garder vos ruades pour vous. Vous venez de chiffonner ma robe de brocart. Je vous demande un peu s'il est besoin de cette explication pratique ? Notre ami que voilà vous aurait bien sûr compris sans toutes ces démonstrations. D'honneur, vous êtes un aussi grand âne que celui que croyait représenter le pauvre homme en question. Mort de ma vie, vous jouez votre rôle avec un naturel !...

—Mille pardons, mademoiselle ! répliqua M. de Kock, ainsi interpellé. Mille pardons ! Je n'avais pas la moindre intention de vous froisser... Mademoiselle Laplacé, M. de Kock a l'honneur de boire à votre santé. »

A ces mots, M. de Kock fit un profond salut, envoya du bout des doigts un baiser cérémonieux à sa voisine et vida son verre, tandis que mademoiselle Laplace répondait à son *toast*.

« Permettez-moi, dit à son tour M. Maillard en s'adressant à moi, de vous servir une tranche de *veau à la Sainte-Ménéhould;*—vous le trouverez excellent. »

Trois robustes serviteurs venaient, non sans peine, de déposer sain et sauf sur la table un énorme plat, ou plutôt un immense tranchoir où s'étalait quelque chose que je pris pour le

Monstrum horrendum, informe, ingens, cui lumen ademptum;

mais une inspection plus rapprochée me démontra que ce n'était qu'un jeune veau rôti, servi tout entier, agenouillé sur ses jambes de devant, avec une pomme dans la bouche, ainsi qu'on accommode les lièvres en Angleterre.

« Merci, répondis-je ; je vous avoue que je n'ai pas un faible très-prononcé pour le veau à la.... comment dites-vous? Je trouve que ce plat convient peu à mon estomac. Toutefois, je changerai d'assiette pour goûter de ce lapin. »

Il y avait, de chaque côté de la table, des plats qui me semblaient contenir des lapins de garenne.

« Pierre, cria mon hôte, une assiette à monsieur, et servez-lui un morceau du râble de ce *lapin au chat.*

—Au quoi ? demandai-je.

—*Lapin au chat.*

—Tenez, je vous remercie. Tout bien considéré, je n'en prendrai pas. Je me contenterai d'une tranche de jambon. — Chez ces provinciaux, me dis-je à part moi, on ne sait jamais ce qu'on mange. Je ne me soucie pas de leur *lapin au chat,* voire même de leur *chat au lapin.*

—Entre autres originaux, continua un personnage à mine cadavéreuse, qui se tenait presque à l'autre bout de la table, reprenant le fil de la conversation, nous avons hébergé jadis un malade qui soutenait *mordicus* qu'on ne devait voir en lui qu'un fromage de Cordoue, et qui s'en allait, un couteau à la main, priant ses amis de se régaler d'une petite tranche du gras de sa jambe.

—C'était un sot fieffé, on ne saurait le nier, interrompit un autre ; on ne peut le comparer qu'à un certain individu que tout le monde ici, sauf ce jeune étranger, connaît fort bien. Je veux parler de celui qui se prenait pour une bouteille de vin de Champagne, et qui partait à tout propos avec un *pan pan*, fizzz ! Comme ceci… »

Sur ce, l'orateur, avec beaucoup d'inconvenance, selon moi, mit son pouce droit dans sa joue gauche et le retira avec un bruit qui imitait la détonation d'un bouchon ; puis, par un adroit mouvement de la langue contre les dents, il produisit un aigre sifflement qui dura plusieurs minutes et ressemblait au bruit du champagne qui s'échappe en moussant. Cette conduite, je le vis clairement, déplaisait à M. Maillard ; mais il ne dit rien, et l'entretien fut continué par un petit monsieur très-maigre, coiffé d'une grande perruque.

« Et n'allons pas oublier, dit-il, ce benêt qui voulait se faire accepter pour une grenouille, — animal avec lequel, par parenthèse, il avait plus d'un point de ressemblance. Je voudrais que vous l'eussiez rencontré (ce vieux s'adressait à moi) ; cela vous aurait égayé l'âme de voir avec quelle vérité d'expression il imitait le batracien. Monsieur, si cet homme-là n'était pas une grenouille, tout ce que je puis dire, c'est qu'hélas ! il avait manqué sa vocation. Son coassement, — *o… o… o… ouh !… o… o… o… ouh!* était la note la plus ravissante du monde. Un vrai *si* de basse-taille. Et quand il se carrait ainsi, les coudes sur la table, après avoir bu quelques verres de vin, et se gonflait la bouche

6

comme ceci, et roulait les yeux de la sorte et les clignait avec la rapidité que vous voyez, eh bien ! je prends sur moi de l'affirmer sans réserve, vous seriez resté plongé dans l'admiration devant son génie !

—Je n'en doute pas, répondis-je.

—Et puis, continua un nouvel interlocuteur, il y avait Petit Gaillard, qui se croyait une prise de tabac et se trouvait très-malheureux de ne pouvoir se saisir entre le pouce et l'index.

—Et puis, il y avait Jules Desoulières, un génie des plus singuliers, dont la folie consistait à se regarder comme une citrouille. Il persécutait notre cuisinier pour se faire convertir en pâtés, — procédé auquel le chef indigné refusait de se prêter. Pour moi, cependant, rien ne prouve qu'un pâté à la citrouille Desoulières n'eût pas été un délicieux entremets.

—Vous m'étonnez ! dis-je, et je lançai à M. Maillard un regard interrogateur.

—Ha, ha, ha ! fit ce gentleman. Hé, hé, hé ! — hi hi hi ! — ho ho ho ! — hu hu hu ! La bonne plaisanterie vraiment ! Il ne faut pas que cela vous étonne outre-mesure, mon ami ; monsieur est un fantaisiste, un drôle de corps ; — ce qu'il dit ne doit pas se prendre à la lettre.

—Et puis, ajouta quelqu'un des convives, il y

avait Bouffon-Legrand, caractère non moins excentrique à sa façon. Devenu fou par amour, il se figura qu'il avait deux têtes, dont l'une était celle de Cicéron, tandis que l'autre appartenait à l'ordre composite, représentant, depuis le front jusqu'à la bouche, celle de Démosthène, et, depuis la bouche jusqu'au menton, celle de lord Brougham. Il est possible qu'il se soit trompé; mais il vous aurait convaincu qu'il avait raison; car c'était un garçon d'une éloquence prodigieuse. L'art oratoire lui inspirait une passion si effrénée qu'il ne pouvait résister à l'envie de prononcer des discours. Après dîner, par exemple, il sautait sur la table et... et... Vous allez voir. »

Ici le voisin de l'orateur lui posa la main sur l'épaule et lui dit quelques mots à l'oreille; sur ce, l'autre se tut tout à coup et se laissa retomber sur sa chaise.

« Et puis, reprit celui qui venait d'agir de la sorte, il y avait Boulard le Tonton. Je l'appelle *le tonton*, parce qu'en effet, il était possédé de l'idée fort amusante, sinon absolument déraisonnable, de se croire métamorphosé en tonton. Cela vous aurait fait pouffer de rire de le voir tournoyer. Il pirouettait pendant des heures entières, comme ceci... »

L'ami qu'il avait interrompu en lui parlant à

voix basse, exécuta la même manœuvre à l'égard de son voisin.

« Tout cela est bel et bon ! s'écria une vieille dame de toute la force de ses poumons ; mais votre M. Boulard m'a toujours fait l'effet d'un fou et d'un fou très-stupide, pour ne rien dire de plus. Qui donc, permettez-moi de vous le demander, a jamais entendu parler d'un tonton humain ? La chose est d'une absurdité ! Madame Joyeuse, comme vous savez, était une personne plus judicieuse. Elle avait une lubie, mais une lubie replète de bon sens, et qui charmait quiconque avait l'honneur de la connaître. Elle découvrit, après de mûres réflexions, que le hasard l'avait transformée en coq, et, en sa qualité de volaille, elle se conduisait d'une façon convenable. Elle battait des ailes avec un abandon merveilleux... Voyez !... Et pour ce qui est de son chant, je ne sais rien d'aussi délicieux : Cocorico ! Cocorico ! Co...co...ri...co...ô...ô...!

—Madame Joyeuse, vous m'obligerez en vous comportant mieux ! interrompit notre hôte d'un ton de colère. Respectez le décorum qui convient à une dame, ou quittez la table : vous avez le choix. »

La dame que je m'étonnais d'entendre appeler du nom de Joyeuse, après la description qu'elle venait de tracer de ce personnage, rougit jusqu'aux cils et parut très-sensible à la semonce. Elle baissa la tête et n'ouvrit plus la bouche. Mais une voisine plus jeune continua la série des portraits. C'était ma jolie musicienne du petit salon !

—Bah ! madame Joyeuse était une sotte ! s'écria-t-elle. Après tout, il y avait sans conteste beaucoup plus de jugement dans les idées d'Eugénie Salsafette. C'était une ravissante jeune fille, douée d'une modestie excessive, qui trouvait indécentes nos toilettes habituelles, et voulait toujours s'habiller, non pas en *mettant*, mais en *ôtant* sa robe et le reste, — chose des plus faciles, en somme. Il suffit d'enlever ceci — et puis ceci, — et puis cela, — et puis...

—Mon Dieu ! mademoiselle Salsafette ! que faites-vous ! Arrêtez ! crièrent en chœur une douzaine de voix, en voilà assez ! Nous voyons très-clairement la manière dont il faut s'y prendre ! Laissez ! laissez ! »

Et plusieurs convives se levaient déjà pour empêcher mademoiselle Salsafette d'adopter le costume de la Vénus de Médicis, lorsque leur but fut atteint, d'une façon aussi efficace que soudaine, par une suite de cris perçants, ou plutôt de hurlements de rage, qui nous arrivèrent du corps de logis principal du château.

Mes nerfs furent sensiblement affectés par ces clameurs; mais je ne pus m'empêcher de plaindre mes commensaux. Jamais, depuis que je suis au monde, je n'ai vu des gens raisonnables plus atrocement effrayés. Ils devinrent aussi blêmes que des cadavres; pelotonnés au fond de leurs siéges, l'oreille au guet, ils se mirent à trembler et à grimacer de terreur. Les vociférations se firent entendre de nouveau, — plus élevées et plus rapprochées en apparence, — puis elles retentirent une troisième fois avec beaucoup plus d'énergie, — puis une quatrième, mais avec moins d'intensité. A cette cessation apparente du bruit, les convives reprirent aussitôt courage; ils se ranimèrent et se remirent à causer comme auparavant. Je me permis alors de demander la cause du vacarme.

« Une bagatelle! dit M. Maillard. Nous sommes habitués à ces incidents, et nous nous en préoccupons fort peu. De temps à autre, nos pensionnaires s'avisent de hurler à l'unisson; l'un excite l'autre, ainsi qu'il arrive la nuit parmi une meute de chiens. Cependant ces *concertos* sont parfois suivis de tentatives de révolte, et alors il y a, jusqu'à un certain point, péril en la demeure.

—Et combien avez-vous de pensionnaires?
—Pas plus d'une dizaine pour le moment.

—Des femmes pour la plupart, je présume?

—Oh non! tous nos malades sont des hommes, et des mâtins solides, je vous en réponds.

—Vraiment? J'avais toujours cru que le sexe le plus faible se trouvait en majorité dans les établissements de ce genre.

—En général, oui; mais il y a des exceptions. Récemment encore, nous comptions ici à peu près vingt-cinq malades, dont dix-huit femmes; mais depuis, les choses ont bien changé, comme vous voyez.

—Ont bien changé, comme vous voyez, interrompit le monsieur qui avait endommagé les chevilles de mademoiselle Laplace.

—Ont bien changé, comme vous voyez! répétèrent en chœur tous les convives.

—Tenez vos langues, tous tant que vous êtes! cria mon hôte d'une voix irritée. »

A cet ordre, il se fit un silence de mort, qui dura l'espace d'une minute. Une dame alla jusqu'à obéir à la lettre à M. Maillard; elle sortit sa langue, qui était fort longue, et la tint des deux mains, d'un air résigné, jusqu'à la fin du repas.

—Et cette dame respectable, demandai-je à M. Maillard, en me penchant vers lui et en baissant la voix, cette bonne dame qui vient de parler, et qui nous a gratifiés d'un cocorico... elle n'est pas dangereuse, je suppose ; — nullement dangereuse, hein?

—Dangereuse ! fit-il avec une surprise non jouée. Ah ça, que diable entendez-vous par là ?

—Seulement un peu timbrée? ajoutai-je en me touchant le front. Je ne me trompe pas en me figurant qu'elle n'est pas particulièrement,—pas dangereusement atteinte, eh?

—Mon Dieu, qu'allez-vous donc imaginer là? Cette dame, madame Joyeuse, ma vieille et meilleure amie, n'est pas plus malade que moi. Elle a ses petites excentricités, je l'avoue;—mais les femmes âgées, vous savez—et surtout les femmes *très-âgées* sont plus ou moins excentriques.

—C'est juste, répliquai-je, c'est juste ; — et ces autres dames, ces autres messieurs...?

—Sont mes amis et mes aides, interrompit M. Maillard en se redressant avec hauteur, — mes très-bons amis et mes aides.

—Quoi, tous? Les femmes aussi?

—Certes, dit-il; nous ne pourrions rien sans elles; il n'est personne qui les vaille pour soigner un malade; elles ont une manière à elles, vous savez; leur brillant regard exerce une influence merveilleuse, une influence qui tient de la fascination du serpent, vous savez.

—Sans doute, dis-je, sans doute !

—Et d'ailleurs, ce clos-vougeot porte un peu à la tête, vous savez ;—il est un peu fort, vous comprenez?

—Sans doute, répétai-je ; sans doute ! A propos, monsieur, dois-je entendre que le système que vous avez adopté, en remplacement du fameux système de la douceur, est d'une sévérité rigoureuse?

—Du tout. Nos malades sont soumis à une réclusion complète; mais le régime, — j'entends le régime médical, — est plutôt agréable que pénible.

—Et vous êtes l'inventeur de ce nouveau traitement?

—Oui, jusqu'à un certain point. L'honneur de plusieurs des idées mises en pratique par moi revient au docteur Goudron, dont vous avez certainement entendu parler; et d'un autre côté, ma méthode comporte des modifications dont je me fais un plaisir de renvoyer le mérite à l'illustre professeur Plume, avec qui, si je ne me trompe, vous avez l'avantage d'être lié.

—Je rougis d'avouer que c'est la première fois que j'entends prononcer le nom de ces messieurs, répliquai-je.

—Juste ciel! s'écria mon hôte en reculant brusquement sa chaise et en levant les bras. Dois-je en

croire mes oreilles? Vous ne voulez pas dire, hein?
que le nom du savant docteur Goudron et celui du
célèbre professeur Plume vous sont inconnus ?

— Je suis bien forcé de confesser mon ignorance,
répondis-je ; mais la vérité avant tout ! Je ne m'en
sens pas moins humilié, — humilié à me rouler
dans la poussière ! — Ignorer jusqu'aux noms des
deux écrivains, d'un mérite sans doute transcen-
dental, que vous venez de citer ! Je m'empresserai
de me procurer leurs ouvrages et de les étudier
avec une une attention particulière. Monsieur
Maillard, vous m'avez vraiment, — je dois l'avouer,
— vous m'avez *vraiment* fait rougir ! »

Et je ne mentais pas.

« Bast ! ne parlons plus de cela, mon jeune ami,
dit l'administrateur d'un ton de bonhomie en me
serrant la main. Un verre de sauterne ? »

Nous bûmes. Les autres convives, qui suivirent
notre exemple, n'épargnaient pas le vin. Ils bavar-
daient, ils plaisantaient, ils riaient, ils se livraient
à mille excentricités. Les violons grinçaient, le
tambour allait *ran plan plan*, les trombones beu-
glaient comme autant de taureaux d'airain à la
Phalaris ; et le désordre général, empirant à mesure que le vin exerçait son empire, finit par produire une sorte de pandemonium en miniature.
Cependant, M. Maillard et moi, après avoir vidé les

flacons de sauterne et de clos-vougeot qui se trouvaient devant nous, nous poursuivions notre entretien à tue-tête. Un mot prononcé dans la gamme ordinaire ne serait pas plus arrivé à l'oreille de l'interlocuteur que la voix d'un poisson sortie des profondeurs du Niagara.

« Monsieur ! lui criai-je à l'oreille, vous me parliez avant dîner du danger de l'ancien système de la douceur. Quelques détails là-dessus, s'il vous plaît.

—Oui, répondit-il; on courait souvent de très-grands dangers. On ne saurait prévoir les caprices des fous ; et à mon avis, que partagent du reste le docteur Goudron et le professeur Plume, il n'est jamais prudent de les laisser errer sans gardien. On peut calmer l'irritation des aliénés, pour me servir de la phrase consacrée, pendant un certain temps; mais ils sont très-sujets à se révolter à la fin. D'ailleurs, leur astuce proverbiale est incroyable. S'ils nourrissent un projet, ils cacheront leur dessein avec une subtilité merveilleuse; et l'adresse avec laquelle ils simulent la raison est, pour le métaphysicien, un des plus curieux problèmes que puisse offrir l'étude de l'esprit humain. Lorsqu'un fou semble tout à fait raisonnable, il est grand temps de lui passer la camisole.

—Mais le danger dont vous parlez, mon cher monsieur, votre propre expérience, depuis que vous administrez cette maison, vous a-t-elle fourni une raison pratique pour croire qu'il est hasardeux de laisser vos pensionnaires en liberté?

—Dans cette maison? Ma propre expérience? Eh bien, je puis répondre affirmativement. Par exemple, je vous citerai une aventure singulière arrivée ici-même, il n'y a pas *très*-longtemps. Le système de la douceur, vous savez, était encore en vigueur, et nous n'imposions que peu de contrainte à nos malades. Ils se conduisaient avec une sagesse remarquable, — très-remarquable; — un homme de sens devait deviner qu'ils mijotaient quelque projet infernal, rien qu'à voir leur allure si remarquablement docile. En effet, un beau matin, les gardiens se trouvèrent pieds et poings liés et jetés dans des cellules, où ils furent traités comme s'ils eussent été les fous, par ceux qui venaient d'usurper les fonctions de gardiens.

—Pas possible! De ma vie, je n'ai rien entendu d'aussi absurde.

—C'est un fait. Le complot avait été organisé par un lunatique, qui, d'une façon ou d'une autre, s'était mis en tête qu'il avait découvert un système de gouvernement supérieur à tous ceux que l'on connaît; je veux dire un système de gouvernement à l'usage des aliénés, bien entendu. Il voulait faire l'essai de son invention, je suppose, et il enrôla les autres pensionnaires dans une conspiration qui avait pour but de renverser les pouvoirs établis.

—Et il y réussit?

—Sans aucun doute. Gardiens et gardés eurent bientôt changé de rôle. Ce n'est pas tout à fait *changé*, non plus, qu'il faut dire, — car les fous avaient conservés une grande liberté, tandis que les ex-surveillants furent enfermés dans des cellules, où ils se virent traités, — je regrette de l'avouer, — d'une façon très-cavalière.

—Mais je présume qu'on ne tarda guère à effectuer une contre-révolution? Un pareil état de choses n'a pu durer? Les villageois des environs, les visiteurs désireux d'inspecter la maison ont bientôt dû sonner l'alarme?

—Vous vous trompez. Le chef des rebelles était trop fin pour cela. Il n'admit aucun étranger, sauf, un jour, un tout jeune homme qui n'avait pas l'air d'avoir inventé la poudre, et dont il n'avait nulle raison de se défier. Il lui laissa voir le château, afin de rompre la monotonie de sa retraite, et aussi pour s'amuser un peu aux dépens de l'intrus. Dès qu'il eut suffisamment mystifié le pauvre garçon, il lui ouvrit la porte et l'envoya promener.

—Et combien de temps dura donc le règne des fous?

—Oh! très-longtemps, ma foi! Un mois au moins,—davantage peut-être; je ne me souviens pas au juste. Vous ne risqueriez rien en pariant que ce fut, tant qu'elle dura, une saison de franches lippées pour nos gaillards. Ils mirent de côté leurs vêtements mesquins et firent main basse sur la garde-robe et les bijoux de la famille du directeur. Les caves du château étaient bien approvisionnées, et les fous sont de bons diables, qui boivent sec, allez! Ils s'en donnèrent, je vous le garantis!

—Et le traitement? Quel traitement particulier le nouveau directeur avait-il mis en vigueur?

—Quant à cela, un fou n'est pas nécessairement un sot, ainsi que je l'ai déjà remarqué, et si vous me demandiez mon avis sincère, je vous dirais que son système me paraissait bien supérieur à l'ancien. En vérité, c'était un excellent système,—simple, gentil, d'une application facile,—bref, un système délicieux! Il... »

Les observations de mon hôte furent brusquement interrompues par une nouvelle suite de cris de rage, semblables à ceux qui nous avaient déjà déconcertés. Cette fois cependant, ils paraissaient poussés par des gens qui se rapprochaient rapidement.

« Miséricorde ! m'écriai-je. Les fous ont réussi à s'échapper !

—Je le crains, « répliqua M. Maillard, devenu très-pâle.

A peine eut-il prononcé ces mots, que de bruyantes exclamations et des jurons retentirent sous les croisées ; il devint évident que les assaillants du dehors cherchaient à pénétrer dans la salle. On semblait attaquer la porte à coups de maillet, tandis qu'on secouait et qu'on arrachait les volets avec une violence prodigieuse.

Il s'ensuivit une scène de terrible confusion. A ma grande surprise, M. Maillard se cacha sous un buffet. Je m'attendais à plus de résolution de sa part. Les musiciens de l'orchestre qui, depuis un quart d'heure, semblaient trop ivres pour remplir les devoirs de leur emploi, se redressèrent tout à coup, saisirent leurs instruments, et, regrimpant sur leur table, entonnèrent d'un commun accord *la Marseillaise*, qu'ils exécutèrent, sinon avec ensemble; du moins avec une *furia* surhumaine, pendant la durée du vacarme général.

Puis je vis sauter sur la grande table, au milieu des bouteilles et des verres, le gentleman qu'on avait eu tant de peine à empêcher d'y monter une heure plutôt. Dès qu'il se fut dûment installé, il commença un discours qui aurait paru sans doute fort éloquent, si on avait pu l'entendre. Au même instant, le monsieur qui avait manifesté des prédilections pour le tonton, se mit à tournoyer par la salle, avec une énergie formidable, les bras étendus en croix, de sorte qu'il avait tout à fait l'air d'un vrai tonton et renversait quiconque se trouvait sur son passage. Entendant, d'un autre côté, partir et mousser une incroyable quantité de bouteilles de champagne, je découvris enfin que le bruit provenait des efforts de la personne qui avait joué durant le dîner le rôle de cette boisson délicate. Plus loin, l'homme-grenouille coassait comme si le salut de son âme dépendait de chaque cri qu'il lançait. Et au milieu du tumulte, dominant le tapage, on entendit braire un âne. Quant à ma vieille amie, madame Joyeuse, j'aurais pleuré sur cette pauvre dame, tant elle semblait terriblement désorientée. Elle se contenta néanmoins de s'appuyer dans un coin, près de la cheminée, et de chanter sans relâche, de toute la force de ses poumons : « Cocorico... ô... ô... ô... ! »

Enfin vint l'apogée, la catastrophe du drame. Comme on n'opposait aux tentatives des agresseurs d'autre résistance que des huées, des hurlements sauvages ou des cocoricos, les dix croisées ne tardèrent pas à céder, presque simultanément. Jamais je n'oublierai la surprise et l'horreur que je ressentis en voyant se précipiter à travers les fenêtres et tomber pêle-mêle au milieu de nous, bataillant, frappant des pieds, égratignant et criant, toute une armée d'ennemis, que je pris pour des chimpanzés, des orangs-outangs ou des babouins noirs du cap de Bonne-Espérance.

Je reçus pour ma part une terrible volée de coups de bâton; puis je parvins à me faufiler sous un meuble et je me tins coi. J'y restai un quart d'heure, prêtant l'oreille à ce qui se passait ; enfin je devinai le mot de l'énigme.

M. Maillard, à ce qu'il paraît, en me racontant l'histoire du pensionnaire qui avait poussé à la révolte ses camarades d'infortune, s'était tout simplement fait le chroniqueur de ses propres exploits. Ce gentleman, en effet, avait autrefois rempli le poste d'administrateur de la maison ; mais, deux ou trois ans avant ma visite, la perte de sa raison l'avait placé au nombre des malades, détail qu'ignorait mon compagnon de voyage. Les gardiens, attaqués à l'improviste, accablés par le nombre, avaient été bien frottés de *goudron,* puis recouverts d'une couche de *plumes* et enfermés dans les caves. Ils y étaient restés plus d'un mois; durant leur captivité, M. Maillard avait non-seulement renouvelé chaque jour le goudron et les plumes qui constituaient son « système », mais leur avait donné une légère ration de pain et de l'eau froide en abondance. Tous les matins, ils recevaient des douches formidables. Enfin, une des victimes ayant réussi à s'évader à travers un égout, avait rendu la liberté à ses confrères.

Le système de la douceur, avec d'importantes modifications, fut remis en vigueur dans le château ; mais je dois convenir avec M. Maillard que son traitement était admirable dans son genre. Ainsi qu'il le disait fort bien, sa méthode était « simple, gentille et facile à appliquer ;—on ne peut plus facile. »

Il ne me reste plus qu'à ajouter que j'ai en vain fouillé toutes les bibliothèques de l'Europe dans l'espoir de trouver les ouvrages du DOCTEUR GOUDRON et du PROFESSEUR PLUME ; nulle part je ne suis parvenu à mettre la main sur les écrits de ces savants aliénistes.

VI

UN HOMME USÉ

ANECDOTE DE LA RÉCENTE CAMPAGNE CONTRE LES BUGABOOS
ET LES KICKAPOOS

> Pleurez, pleurez, mes yeux, et fondez-vous en eau,
> La moitié de ma vie a mis l'autre au tombeau.
> CORNEILLE.

J'aurais de la peine aujourd'hui à me rappeler quand et où je rencontrai pour la première fois le général de brigade John A. B. C. Smith, un bel homme s'il en fut. Quelqu'un me présenta à ce gentleman, j'en suis sûr,—lors de quelque réunion publique, je le sais,—convoquée à propos de quelque mesure de la plus haute importance, cela ne laisse aucun doute,—dans un endroit quelconque, c'est certain;—mais, chose bizarre, le nom de mon introducteur m'échappe. Le fait est que la présentation, en ce qui me concerne, produisit un certain degré d'inquiétude et d'embarras qui ne m'a pas permis de conserver un souvenir exact du lieu et de l'époque. Je suis d'un tempérament nerveux,—faiblesse héréditaire dont il n'a pas dépendu de moi de me corriger. Par exemple, il suffit de la plus légère apparence de cachotterie, du plus petit détail resté dans l'obscurité, pour me plonger dans un soudain et pitoyable état d'agitation.

Or, la personne de l'individu en question portait, pour ainsi dire, un cachet remarquable,—oui, *remarquable*, quoique le mot soit trop faible pour bien rendre ma pensée. Il ne devait pas avoir moins de six pieds, et son aspect imposait singulièrement. Tout en lui respirait une élégance qui révélait l'habitude de la bonne société et semblait indiquer un fils de famille. A cet égard,—à l'égard des qualités physiques de Smith,—j'ai une sorte de satisfaction mélancolique à entrer dans des détails minutieux. Sa chevelure n'eût pas déparé la tête d'un Brutus;—rien de plus abondant, de plus ondoyant, de mieux lustré. Elle était d'un noir de jais, et ses favoris inimaginables se distinguaient par la même profondeur de nuance, ou plutôt par la même absence de nuance. Vous voyez que je ne puis parler de ses favoris sans enthousiasme; ce ne serait pas trop s'avancer que de soutenir que jamais le soleil n'en éclaira d'aussi beaux. Quoi qu'il en soit, ils encadraient et par moments ombrageaient les coins d'une bouche sans pareille. Dans cette bouche brillaient les dents les plus égales et les plus éclatantes de blancheur qu'on puisse rêver ; à chaque occasion convenable, elles livraient passage à une voix d'une sonorité, d'une mélodie, d'une force incomparable. Sous le rapport des yeux, mon ami était le plus privilégié des mortels ; chacun des siens valait au moins deux yeux ordinaires ; ils étaient d'un beau brun-noisette, très-grands et fort brillants ; de temps à autre, on y remarquait une aimable obliquité, un léger strabisme qui ajoutait à l'expression du regard.

Le général possédait, sans contredit, le buste le mieux façonné que je connaisse. Quand même il se serait agi de sauver vos jours, vous n'auriez pu trouver dans ses proportions merveilleuses un seul défaut à critiquer. Cette rare symétrie faisait ressortir d'une façon très-avantageuse des épaules qui eussent amené la rougeur du dépit sur le visage de marbre de l'Apollon du Belvédère. J'ai un faible pour les belles épaules, et je puis dire que jusqu'alors j'avais ignoré qu'il en existât de parfaites. Les bras, dans toute leur longueur, étaient d'un modelé ravissant, et les jambes n'excitaient pas moins d'admiration. Oui, ces jambes représentaient le *nec plus ultra* que cherchent les artistes ; les connaisseurs en pareille matière admettaient qu'elles semblaient faites au tour. Elles n'avaient ni trop ni trop peu de chair ; on ne leur pouvait reprocher ni trop d'épaisseur ni trop de gracilité. Impossible de se figurer une courbe plus charmante que celle de l'*os femoris*, et la partie postérieure du *fibula* s'arrondissait avec cette douceur de pente qui convient à un mollet bien proportionné. Plût au ciel que mon ami Chiponchipino, ce jeune statuaire pétri de talent, eût eu l'occasion de contempler un instant les jambes du général de brigade John A. B. C. Smith !

Bien que les gens doués de formes aussi avenantes soient moins communs que les raisins ou les mûres, je ne pouvais me persuader que l'attrait,—que l'étrange je ne sais quoi qui planait sur ma nouvelle connaissance fût le résultat, même partiel, de la suprême excellence de ses qualités physiques. Peut-être aurait-on trouvé que le charme tenait aux manières du personnage ; cependant, ici encore, je n'ose formuler qu'une hypothèse. Il y avait dans son allure un certain air compassé, sinon de roideur,—quelque chose de mesuré et, si je puis m'exprimer ainsi, une précision rectangulaire dans le geste qui, chez un homme d'une taille moins élevée, eût semblé tant soit peu affectée, pompeuse ou contrainte ; mais qui, chez un gentleman de proportions aussi incontestables, devait être attribuée, de prime abord, à la réserve, à la hauteur, en un mot, à un sentiment peu blâmable de ce qui est dû à la dignité d'une force colossale.

Le noble ami qui me devait présenter au général Smith me glissa dans l'oreille quelques mots au sujet de ce personnage. C'était un homme *remarquable*,—un homme *très*-remarquable,—on pouvait même dire un des hommes *les plus* remarquables de notre époque. Les dames surtout le regardaient d'un bon œil, à cause de sa réputation de bravoure.

— En fait de courage, personne ne saurait lui être comparé ; il ne recule devant rien,—un gâte-chair numéro un, monsieur ! me dit mon compagnon, qui baissa tellement la voix que son intonation mystérieuse me fit tressaillir... « Un gâte-chair numéro un, monsieur ! Il l'a prouvé, vous en conviendrez, d'une façon assez énergique, dans le terrible combat qu'il a soutenu là-bas, dans les marais du Sud, contre les Indiens Bugaboos et Kickapoos [1]. »

---

[1] Prononcez *Beugabou* et *Kickapou*.—On chercherait en

Ici mon interlocuteur ouvrit les yeux d'une manière insolite.

Cela fait frémir! Sang et tonnerre et tout le reste !—des *prodiges* de valeur, monsieur! Vous avez entendu parler de lui, naturellement? Vous savez qu'il a com...

—Comment allez-vous, mon brave ? Comment vous portez-vous ? Enchanté de vous rencontrer, ma parole d'honneur! interrompit le général en personne, qui serra la main de mon ami lorsqu'il se fut rapproché de nous, et m'adressa un salut assez profond, mais fort roide, tandis qu'on me présentait.

Je pensai alors (et depuis je n'ai pas changé d'avis) que jamais je n'avais entendu une voix plus sonore, ni contemplé deux rangées de dents plus irréprochables; je dois avouer néanmoins que je fus contrarié d'une interruption qui suivait de si près des chuchotements et des allusions bien faits pour éveiller ma curiosité à l'endroit du héros de la récente campagne contre les Bugaboos et les Kickapoos.

Mais la conversation agréable et instructive du général de brigade John A.B.C. Smith me fit bientôt

---

vain dans un dictionnaire géographique le nom de ces deux peuplades. Le premier mot peut se traduire par celui de *Croquemitaine*.

(*Note du traducteur.*)

oublier ma contrariété. Mon ami nous ayant quitté dix minutes après notre rencontre, j'eus avec ce premier un long entretien, et, non-seulement je fus ravi, mais j'appris réellement beaucoup de choses. J'ai rencontré peu de causeurs aussi entraînants, peu d'hommes doués de connaissances plus étendues. Toutefois, une modestie convenable l'empêcha d'aborder le sujet que j'avais le plus à cœur,— c'est-à-dire les mystérieux détails de la guerre contre les Bugaboos et les Kickapoos,— et, pour ma part, grâce à une délicatesse qui ne me parut pas moins convenable, je m'abstins d'entamer cette question, bien qu'au fond je fusse très-tenté de le faire. Je m'aperçus d'ailleurs que le brave officier préférait les sujets d'intérêt philosophique, et qu'il se plaisait surtout à porter aux nues le progrès incroyable des inventions mécaniques. Je remarquai même, quelque tournure que je cherchasse à donner à la conversation, qu'il revenait toujours à son thème favori.

« Quelle ingéniosité sans pareille déploient nos mécaniciens ! disait-il. Nous sommes un peuple merveilleux et nous vivons dans un siècle de merveilles ! Parachutes et chemins de fer ! Chausse-trapes et piéges à loups ! Nos steamers se croisent sur toutes les mers, et le ballon à vapeur de Nassau ne tardera pas à établir un transit régulier (prix : cinq cents francs pour une seule traversée) entre Londres et Tombouctou. Et qui pourra calculer l'influence énorme qu'exerceront sur notre existence sociale, sur les arts, le commerce et la littérature, les résultats immédiats des grands principes électro-magnétiques? Et ce n'est pas tout, croyez-moi! Aucun obstacle n'arrêtera la marche de l'invention humaine; les découvertes mécaniques les plus merveilleuses, les plus ingénieuses, et, laissez-moi ajouter, monsieur..... monsieur Thompson,—c'est là votre nom, si je ne me trompe? — laissez-moi ajouter les découvertes les plus *utiles*, les plus *réellement* utiles apparaissent chez nous comme des champignons, si je puis me servir de ce mot, ou, pour employer un langage plus figuré, comme... Ah! ah!... comme des sauterelles —comme des sauterelles, monsieur Thompson, à l'entour et... ah, ah, ah!... autour de nous!»

Soit dit en passant, je ne m'appelle pas Thompson; mais il va sans dire que je quittai le général Smith, plus désireux que jamais de connaître son histoire, émerveillé de sa faconde, et très-frappé des précieux priviléges dont nous jouissons, nous autres à qui il est donné de vivre dans ce siècle d'inventions mécaniques. Cependant, comme ma curiosité demeurait toujours éveillée, je résolus de demander à mes connaissances des détails sur les aventures personnelles du général et, en particulier, sur les terribles événements *quorum pars magna fuit,* lors de l'expédition contre les Bugaboos et les Kickapoos.

Le première occasion favorable et dont, *horresco referens,* je profitai sans le moindre scrupule, se présenta dans l'église du révérend docteur Frappefort, où je m'assis un dimanche, au début même du sermon, non-seulement sur le banc de miss Tabitha Parlotte, mais à côté de cette bonne et communicative petite amie. A peine installé, je me félicitai, et non sans motif, de la tournure propice que prenait mon affaire. Il était évident pour moi que si quelqu'un connaissait l'histoire du général de brigade John A. B. C. Smith, ce quelqu'un devait être miss Tabitha Parlotte. Après avoir échangé divers signaux télégraphiques, nous entamâmes, *sotto voce,* un dialogue assez animé.

— Smith! dit-elle, en réponse à ma question. Smith? vous ne voulez pas parler du général de brigade John A. B. C. Smith? Tiens, tiens! Je vous croyais au courant de cette aventure. Ah! notre siècle est celui des inventions étonnantes! Quelle horrible affaire que celle-là! Quel tas de gredins sanguinaires que ces Kickapoos!... s'est conduit comme un héros!... Prodiges de valeur!... Renommée immortelle! Smith? Le général de brigade A. B. C. Smith? Vous n'ignorez pas que c'est l'homme...

— L'homme, interrompit le révérend Dr Frappefort d'une voix de tonnerre, et avec un coup de poing qui faillit lancer autour de nos oreilles les débris de la chaire, l'homme, né de la femme, n'a que peu de temps à vivre ; il n'apparaît ici-bas que pour être fauché comme une fleur. »

Je me rejetai vivement à l'autre extrémité du banc, et je m'aperçus, aux regards courroucés du prédicateur, que le coup qui avait manqué d'être fatal à la chaire venait d'être provoqué par les chuchotements de la dame et les miens. N'ayant pas le choix, je me résignai de mon mieux, et, pauvre martyr, j'écoutai dans un mutisme plein de dignité les phrases bien rhythmées de cet admirable sermon.

Le lendemain soir, je me rendis un peu tard au théâtre Brûleplanche, où je me flattais de satisfaire ma curiosité, sans autre peine que celle de gagner la loge de mesdemoiselles Arabella et Miranda Cognoscenti, charmantes personnes dont on cite, en manière d'exemple, l'omniscience et l'affabilité. L'excellent tragédien Climax faisait Iago devant une salle comble, et ce ne fut pas sans difficulté que je parvins à expliquer le but de ma visite,—d'autant plus que la loge en question était une loge de rez-de-chaussée établie entre le rideau et les avant-scènes.

« Smith? répéta miss Arabella, lorsqu'elle eut enfin saisi le sens de ma question. Smith? Vous ne voulez pas parler du général A. B. C. Smith?

— Smith? fit Miranda d'un ton rêveur. Bonté divine! avez-vous jamais vu une taille aussi bien prise?

— Jamais, madame! Veuillez seulement me dire...

— Un abandon aussi gracieux, aussi inimitable?

— Jamais, sur mon honneur! Mais apprenez-moi, je vous en prie...

— Une entente aussi parfaite des effets dramatiques?

— Madame!

— Un sentiment plus délicat des véritables beautés shakspeariennes? Examinez-moi un peu cette jambe.

— Diantre! Et je me tournai vers la sœur.

— Smith? me répondit celle-ci. Vous n'entendez point parler du général John A. B. C. Smith? Quelle horrible affaire, n'est-ce pas? Quelles brutes que ces Bugaboos,—de vrais sauvages, et cœtera.— Mais, par bonheur, nous vivons dans un siècle merveilleusement inventif!—Smith, oh oui, un grand homme! Il ne recule devant rien!... Renommée immortelle!... Prodiges de valeur! Quoi! vous ne savez pas?»

Ici la surprise arracha presque un cri à ma voisine.

« Pas possible! Mais c'est l'homme qui n'a plus ni...

> — ..... Ni les pavots, ni la mandragore
> Ni tous les sucs soporifiques de la terre
> Ne te rendront le doux sommeil
> Que tu as goûté hier [1],

beugla Climax, presque dans le tuyau de mon oreille, en me secouant son poing sous le nez d'une façon que je ne pus ni ne voulus souffrir. Je quittai brusquement les demoiselles Cognoscenti et je me rendis aussitôt dans les coulisses, où j'administrai sur l'heure, à ce misérable drôle, une volée dont il se souviendra jusqu'à son dernier jour, je me plais à le croire.

J'étais convaincu que nul mécompte de ce genre ne m'attendait à la soirée de la charmante veuve madame Kathleen Atout. Aussi, à peine fus-je assis à une table de jeu, avec ma jolie hôtesse pour vis-à-vis, que je lui posai la question dont la solution était devenue essentielle à mon repos.

« Smith? dit ma partenaire. Vous n'entendez

---

[1] *Othello*, acte III, scène III. (*Note du traducteur.*)

pas parler du général John A. B. C. Smith? L'horrible affaire, eh!... Carreau, disiez-vous... Quels êtres cruels que ces Kickapoos!...Pardon, monsieur Jacasse; mais rappelez-vous que nous jouons au whist, s'il vous plaît... C'est égal, notre siècle est bien celui des inventeurs,—le siècle inventif *par excellence.*—Vous parlez français, je crois?... Oh! un véritable héros que le général. Il ne recule devant rien... Pas de cœur, monsieur Jacasse? Vous m'étonnez!... Renommée immortelle et tout ce qui s'en suit! Prodiges de valeur! Comment, *vous ne savez pas?* Mais, juste ciel! c'est l'homme...

—Lhomme? le capitaine Lhomme? cria, de l'autre bout du salon, une petite impertinente qui vint se mêler à notre conversation. Vous racontez l'histoire du capitaine Lhomme et de son duel? Oh! il faut que je vous écoute;—parlez, je vous en supplie;—continuez, chère madame Atout.

Et madame Atout raconta en effet, d'un bout à l'autre, les mésaventures d'un certain capitaine Lhomme, qui avait été fusillé ou pendu, ou qui méritait d'être pendu et fusillé. Oui, madame Atout commença et moi je finis... par m'en aller. Ce soir-là, il ne me restait plus aucune chance de rien découvrir sur le compte du général de brigade John A. B. C. Smith.

Je me consolai néanmoins en songeant que mon

guignon ne pouvait s'acharner éternellement contre moi, et je me décidai à tenter encore un coup hardi en pêchant aux informations parmi les invités du *raout* de ce séduisant petit ange, madame Pirouette.

—Smith? dit madame Pirouette, tandis que la valse rapide nous emportait tous les deux. Smith? vous n'entendez pas parler du général A. B. C. Smith? Terrible affaire que sa rencontre avec les Bugaboos, n'est-il pas vrai? Quelles créatures impitoyables que ces Indiens!.... Tournez vos pieds un peu plus en dehors, je vous en conjure, ou je rougirai de valser avec un aussi mauvais danseur... Il s'est défendu comme un lion, le pauvre homme; mais notre siècle est celui des inventions merveilleuses.... Oh, là, là, je suis tout essoufflée!.... Il ne recule devant rien! Prodiges de valeur! Comment, *vous ne savez rien!!!* Par exemple! vous plaisantez? Allons nous asseoir, et je dissiperai votre ignorance. Smith, mais c'est lui qui a man...

—*Manfred,* vous dis-je! cria miss Bas-Bleu, tandis que je conduisais madame Pirouette à un siége. Je ne comprends pas qu'on ose soutenir la thèse contraire. Le héros du poëme se nomme *Manfred,* et pas le moins, le moins du monde *Manfroid.*

A ces mots, miss Bas-Bleu m'appela auprès d'elle avec un geste très-impérieux. Il me fallut, bon gré mal gré, planter là madame Pirouette afin de décider une dispute à propos du titre d'un certain drame poétique de lord Byron. Malgré mon empressement à déclarer que le titre authentique est *Manfroid* et pas le moins du monde *Manfred*, madame Pirouette avait disparu lorsque je revins sur mes pas, et je quittai la maison furieux contre la race des bas-bleus.

En vérité, mon horizon se rembrunissait de plus en plus, et je résolus de me rendre tout de suite chez mon ami intime, M. Théodore Insinue; car je savais qu'en m'adressant à lui, j'obtiendrais une réponse qui aurait au moins l'air d'un renseignement positif.

—Smith? dit-il de ce ton traînard que vous lui connaissez. Vous ne voulez pas parler du général John A. B. C. Smith? Ils se sont conduits en véritables sauvages, ces Kickapoos, n'est-ce pas? Dites? Ne partagez-vous pas ma manière de voir?.... Oh! il ne recule devant rien! C'est grand dommage, sur mon honneur! Notre siècle est le siècle des inventions merveilleuses! des prodiges de valeur!... A propos, vous savez ce qui arrive au capitaine Lhomme?

—Le diable emporte votre capitaine Lhomme! répliquai-je. Veuillez reprendre le fil de votre histoire.

— Hem!.... Ah, fort bien!.... Qu'il aille ou non au diable, ça m'est tout un, comme disent les Français. Smith? Le général de brigade John A. B. C. Smith? Ah çà.... (*ici, M. Insinue jugea bon de poser un doigt sur un des côtés de son nez*)... Ah çà, vous ne voulez pas me donner à entendre sérieusement, là, sur votre âme et conscience, que vous ne connaissez pas aussi bien que moi l'histoire de Smith? Mais, palsembleu! c'est l'homme...

—*Monsieur* Insinue, demandai-je d'une voix suppliante, serait-il l'homme au masque de fer?

—No...o...o...on! répondit-il en affectant un air sagace, pas plus qu'il n'est l'homme dans la lune!

Je considérai cette réplique comme une insulte personnelle et volontaire, et je m'éloignai à l'instant, piqué au vif, avec la ferme intention d'envoyer mes témoins à M. Insinue, afin de l'obliger à s'expliquer sur cette conduite peu convenable et indigne d'un gentleman.

Mais, en attendant, je n'avais pas la moindre idée de laisser contrecarrer mes efforts pour me procurer les renseignements que je désirais. Il me restait un dernier recours. Pourquoi ne pas remonter à la source? Pourquoi ne pas rendre visite au général lui-même, afin de lui demander en termes explicites la solution de cet abominable mystère? De cette façon, au moins, toute équivoque deviendrait impossible. Je me promis d'être clair, positif, tranchant, — aussi cassant qu'une croûte de paté, — aussi concis que Tacite ou Montesquieu.

Il était de bonne heure lorsque je me présentai chez mon héros, et on me dit qu'il s'habillait; mais je fis savoir que je venais pour affaire urgente, et je fus aussitôt introduit auprès du général par un vieux valet nègre qui continua à s'occuper de son maître durant ma visite. Arrivé dans la chambre à coucher, je regardai autour de moi, avec la conviction assez naturelle que j'allais apercevoir mon hôte; mais je ne le vis pas tout d'abord. A terre, presque à mes pieds, j'avisai un gros paquet informe et d'un aspect fort étrange; comme je n'étais pas de très-bonne humeur, tant s'en faut, je lançai un bon coup de pied pour écarter l'obstacle.

—Hem!.... Ahem!.... Allons, voilà qui est poli! dit le paquet avec la voix la plus faible, la plus drôle que j'aie entendue depuis que je suis de ce monde et qui tenait le milieu entre un cri de souris et un sifflement.

—Ahem!.... Allons, voilà qui est poli! permettez-moi cette observation.

Je poussai un véritable cri d'épouvante et je

partis comme une flèche vers l'extrémité la plus éloignée de la chambre.

—Eh bien, cher monsieur, quelle mouche vous pique? siffla de nouveau le paquet. Quelle mouche vous a donc piqué? On dirait vraiment que vous ne me reconnaissez pas?

Que pouvais-je répondre à une pareille interpellation, je vous le demande? Je gagnai, en trébuchant, un fauteuil, et, les yeux écarquillés, la bouche béante, j'attendis la solution de l'énigme.

—Vous ne me remettiez pas? Voilà qui est curieux, convenez-en, glapit bientôt l'être indéfinissable que je commençais à distinguer, et qui se livrait sur le plancher à des évolutions impossibles à décrire; on eut dit qu'il cherchait à revêtir un bas. Cependant, je ne pus apercevoir qu'une seule jambe.

—Voilà qui est surprenant, avouez-le. Pompée, donne-moi donc ma jambe.

A cet ordre, Pompée tendit au paquet une admirable jambe de liége, habillée d'avance, qui se trouva vissée en un clin d'œil et dont le propriétaire se dressa devant moi.

—Ah! ç'a été un combat sanguinaire, je m'en flatte! reprit-il, comme s'il se fût parlé à lui-même. Mais aussi, on ne peut pas s'attaquer aux

Bugaboos et aux Kickapoos et s'attendre à en être quitte pour une simple égratignure. Pompée, je te prierai de me passer mon bras. Décidément (*ceci s'adressait à moi*) personne ne s'entend aussi bien que Thomas à fabriquer une jambe de liége; mais si par hasard vous vous trouviez avoir besoin d'un bras, cher monsieur, je vous demanderais la permission de vous recommander tout particulièrement la maison Bishop.

A ce moment, Pompée vissa le bras.

—L'affaire a été chaude, vous pouvez le jurer!... Maintenant, animal, mets-moi mes épaules et ma poitrine.... Pettitt confectionne les meilleures épaules, mais, pour une poitrine, je vous conseille de donner votre pratique à Ducrow.

—Une poitrine! m'écriai-je.

—Pompée, n'auras-tu jamais fini de me donner cette perruque? Après tout, c'est une rude épreuve que de passer sous le couteau à scalper de ces gaillards; mais vous avez Delorme qui vous fournira un toupet superbe.

—Un toupet!

—Eh, moricaud, et mes dents? Si vous désirez un *bon* ratelier, croyez-moi, n'hésitez pas à confier votre commande à Parmly; ses prix sont élevés, mais il travaille dans la perfection. C'est égal, ce grand diable de Bugaboo m'a fait avaler de fameuses dents, lorsqu'il m'a bourré avec la crosse de son rifle.

—Crosse !... bourré !... mon œil !

—Oui, justement, mon œil. Voyons, Pompée, mauvais chenapan, visse-moi cet organe visuel. Ces Kickapoos ne sont pas manchots, allez, quand il s'agit de faire sauter un œil avec le pouce ; mais, en somme, on calomnie ce bon docteur Williams ; vous ne sauriez vous imaginer comme je vois bien avec les yeux qu'il me fournit.

Ce ne fut qu'alors que je reconnus clairement que la personne que je contemplais n'était ni plus ni moins que ma nouvelle connaissance, le général de brigade John A. B. C. Smith. Je dois avouer cependant que les manipulations de Pompée avaient amené une transformation frappante dans l'aspect de son maître. Néanmoins, l'étrangeté du timbre de voix de mon hôte ne m'intriguait pas peu ; mais j'eus bientôt l'explication de ce mystère apparent.

—Pompée, suppôt de l'enfer, glapit le général, je crois en vérité que tu vas me laisser sans mon palais.

Sur ce, le nègre, marmottant une excuse, s'approcha de son maître, lui ouvrit la bouche avec l'air entendu d'un jockey, et y introduisit un appareil d'une forme assez singulière qu'il ajusta d'une façon très-adroite. Je ne pus m'expliquer précisément de qu'elle manière il s'y prit. Toujours est-il qu'il n'en fallut pas davantage pour opérer dans l'expression des traits du général une métamorphose non moins soudaine qu'étrange. Lorsqu'il r'ouvrit la bouche pour parler, sa voix avait retrouvé cette sonorité mélodieuse et cette force qui m'avaient frappé lors de notre première entrevue.

—Satanés sauvages! dit-il avec une intonation si vibrante que je ne pus m'empêcher de tressaillir, tant elle me causa de surprise. Satanés sauvages! non contents de m'enlever le palais, ils se sont encore donné la peine de couper les sept huitièmes de ma langue. Heureusement Boufanti n'a pas son égal, en Amérique, pour les postiches de ce genre. Je puis vous le recommander en toute conscience

Ici le général s'inclina.

Et je vous assure, monsieur, que je serais très-heureux si ma recommandation pouvait vous être de la moindre utilité.

Je le remerciai de sa bienveillance dans mon vocabulaire le plus choisi, et je pris congé aussitôt; car je savais parfaitement à quoi m'en tenir; j'étais parvenu à sonder le mystère qui m'avait si longtemps intrigué. Cela sautait aux yeux. Rien de plus clair. Le général de brigade John A. B. C. était l'homme... était UN HOMME USÉ.

VII

LA SEMAINE DES TROIS DIMANCHES

—Sans cœur! Vieille buse obstinée! Patraque rouillée et moisie! Vieux sauvage! pensai-je en me présentant une certaine après-midi devant mon oncle Drolgoujon et en lui mettant sous le nez un poing imaginaire.

Imaginaire, je vous prie de le remarquer. En effet, il existait une légère contradiction entre ce que je disais et ce que je pensais,—entre ce que je faisais et ce que j'avais presque envie de faire.

Au moment où j'ouvris la porte du salon, le vieux marsouin était assis, les pieds sur le marbre de la cheminée, un grand verre de vin de

Porto à la main, faisant de vigoureux efforts pour entonner le refrain d'une chanson française :

> Remplis ton verre vide,
> Vide ton verre plein !

« Mon *cher* oncle, dis-je tout haut en refermant sans bruit la porte et en m'avançant avec le plus doux des sourires ; mon cher oncle, tu as toujours été si bon, si plein d'égards pour moi ;—tu m'as témoigné ta bienveillance de tant de façons, que je suis persuadé que je n'ai qu'un mot de plus à dire sur cette petite affaire pour obtenir ton cordial assentiment.

—Hem ! fit mon oncle Drolgoujon. Cher enfant ! Allons, continue !

—Je suis convaincu, cher oncle... (satané vieux butor !)... que ce n'est pas sérieusement que tu t'opposes à mon mariage avec ma cousine Catherine. C'est encore là une de tes aimables plaisanteries... Tu en fais de si bonnes quand tu veux...

—Ha, ha, ha ! répondit le digne vieillard. Le diable t'emporte ! Tu as raison !

—Parbleu ! je savais bien que tu plaisantais. Or, mon bon oncle, Catherine et moi nous ne te demandons qu'une seule chose pour le quart d'heure : c'est de bien vouloir fixer toi-même l'époque. Quand te convient-il que le mariage ait lieu ?

—Ait lieu, vaurien ? Qu'entends-tu par là ? Voilà que tu pinces du subjonctif, animal !

—Je te disais, mon oncle, que tout ce que nous te demandons pour le moment, c'est de fixer l'époque précise.

—Précise ?

—Oui, mon oncle--si cela ne te contrarie pas.

—Dis donc, Bobby[1], si je restais dans le vague ? Si je disais *dans une année ou deux*, par exemple ? Est-ce que tu tiens énormément à ce que je te donne une date précise ?

—Oui, s'il te plaît, mon oncle.

—Mon garçon, sais-tu que tu as un toupet d'enfer ? Enfin, puisque tu veux à toute force une date, je vais te complaire : — une fois n'est pas coutume.

—Cher oncle, croyez à...

—Tais-toi ! interrompit mon aimable parent en élevant la voix. Je disais donc que tu auras mon consentement et la dot avec... car tu n'as pas oublié la dot, hein ?... Voyons un peu, c'est aujourd'hui dimanche, pas vrai ? Eh bien, tu pourras épouser Catherine la semaine...

[1] Diminutif de Robert.

—La semaine prochaine.... Ah, mon bon, mon cher, mon excellent oncle !

—Silence, monsieur !... Tu pourras l'épouser la semaine... des trois dimanches. Tu entends ? Ah çà, qu'as-tu à me regarder avec ces yeux effarouchés ? Je te le répète, Catherine sera à toi la semaine des trois dimanches ; mais pas avant, jeune écervelé, pas avant. Tu me connais et sais que je suis homme de parole. Allons, disparais !

C'était un digne gentilhomme anglais du bon vieux temps que mon oncle Drolgoujon ; mais, différant en cela du gentilhomme de la chanson, il avait son côté faible. C'était aussi un petit être rabougri, bouffi, pompeux, irritable, à la panse semi-circulaire, au nez incandescent, au crâne épais, ayant, comme on dit, du foin dans les bottes et un sentiment convenable de sa propre dignité. Avec le meilleur cœur du monde, il avait, grâce à sa manie invétérée de contredire tout le monde, acquis aux yeux de ceux qui ne le connaissaient que superficiellement, la réputation d'un mauvais coucheur. Comme beaucoup de fort bonnes gens, il semblait possédé du démon de la taquinerie. A toute prière, il répondait invariablement par un *non* obstiné ; mais, à la longue, bien à la longue, il finissait presque toujours par accorder ce qu'on lui demandait. Bien qu'il commençât par résister bravement à toutes les attaques dirigées contre sa bourse, la somme qu'on lui soutirait croissait en raison directe de la longueur du siége et de l'opiniâtreté de la résistance première. Personne ne faisait la charité d'une façon plus libérale ni avec plus mauvaise grâce.

Il professait le plus grand mépris pour les beaux-arts et surtout pour les belles-lettres. Il s'inspirait en cela de Casimir Perier, dont il citait à tout bout de champ l'impertinente petite question : « A quoi un poëte est-il bon ? » Il répétait cette phrase en français avec une prononciation des plus drolatiques et la donnait pour le *nec plus ultra* d'un argument logique. Aussi mes relations avec les muses ne m'avaient-elles pas valu ses bonnes grâces. Il m'affirma un jour, au moment où je le priai de me faire cadeau d'un nouvel exemplaire d'Horace, que le *Poeta nascitur non fit* devait se traduire : « *A nasty poet for nothing fit* [1] »—plaisanterie qui me mit de fort mauvaise humeur. Depuis quelque temps surtout, une passion soudaine et fortuite pour ce qu'il appelait *les sciences exactes* était venue accroître sa répugnance pour les belles-lettres. Un étranger l'avait accosté par hasard dans

[1] *Un sale poëte, bon à rien*, calembour par onomatopée.—(*Note du traducteur.*)

la rue, le prenant pour le docteur Double L. Dé [1], le célèbre professeur de (charlatanisme) physique. Il n'en fallut pas davantage pour monter la tête à mon oncle, et, à l'époque où s'ouvre cette histoire, —car ce récit finit par en devenir une,—le vieux Drolgoujon n'était abordable que sur des sujets qui s'accordaient par hasard avec les cabrioles de son nouveau dada. Du reste, il riait des bras et des jambes et professait des opinions politiques aussi obstinées que faciles à comprendre : il croyait, avec Horsley, que la plèbe ne doit s'occuper des lois que pour y obéir.

J'avais toujours vécu avec le vieux gentleman. Ma précieuse personne était l'unique héritage que lui eussent légué les auteurs de mes jours. Je crois que le vieux gredin m'aimait autant ou presque autant que sa propre fille, ce qui ne l'empêchait pas de me rendre malheureux comme les pierres. Depuis ma première jusqu'à ma cinquième année, il m'avait gratifié de fustigations très-régulières. De cinq ans jusqu'à treize, je m'étais vu menacé de la maison de correction au moins douze fois par jour ; à dater de cette époque jusqu'à ma vingtième année, mon oncle n'avait pas laissé pas-

[1] En anglais, les initiales L. L. D., à la suite d'un nom propre, signifient: docteur en théologie.—(*Note du traducteur.*)

ser un jour sans promettre de me léguer un shilling pour tout héritage. J'étais un assez mauvais garnement, je dois en convenir; — que voulez-vous? c'était dans ma nature.

Néanmoins, j'avais dans Catherine une amie sincère, et je le savais. C'était une bonne fille, et elle me disait, d'un ton plein de cajoleries, qu'elle serait à moi, y compris sa dot, dès que j'aurais, à force d'importunités, arraché à mon oncle Drolgoujon le consentement nécessaire. Pauvre enfant! —elle avait à peine quinze ans, et à moins d'avoir obtenu ledit consentement, il aurait fallu attendre sa majorité pour toucher le petit magot qu'elle possédait en rentes sur l'État. Que faire en pareil cas? A quinze, et même à vingt et un ans (car j'avais dépassé ma cinquième olympiade), cinq années d'attente paraissent tout aussi longues que cinq cents. C'est en vain que nous assiégions le vieux gentleman de nos importunités; cette affaire était pour lui une vraie pièce de résistance, comme diraient MM. Ude et Carême, et allait comme un gant à son caractère taquin. Ça aurait soulevé l'indignation de Job lui-même de le voir s'amuser de nos impatiences comme un vieux chat jouant avec deux pauvres petites souris. Au fond, il ne désirait rien plus ardemment que notre union. Depuis longtemps, il nous destinait l'un à l'autre. Il aurait même donné dix mille livres de sa poche (la dot de Catherine lui venait de sa mère) pour trouver l'ombre d'un prétexte qui lui permît d'accéder à un désir aussi naturel que le nôtre. Mais nous avions eu l'imprudence d'entamer nous-mêmes la question. J'ai la ferme conviction que mon pauvre oncle se trouvait dans l'impossibilité de ne pas nous faire de l'opposition.

J'ai déjà dit qu'il avait son côté faible ; mais qu'on ne s'y trompe pas, ces paroles ne s'appliquent pas à son opiniâtreté, qui était, au contraire, un de ses côtés forts. Quand je parle de ses faiblesses, je fais allusion à certaine bizarre superstition qui s'était emparée de lui. Il croyait aux rêves, aux pronostics et autres balivernes de même farine. A cheval d'ailleurs sur les minuties du point d'honneur, et homme de parole, à sa façon. C'était là, en effet, un de ses dadas. Il ne respectait pas toujours l'esprit d'une promesse ; mais il se piquait de se conformer à la lettre de ses engagements. Or, peu de temps après l'entretien enregistré plus haut, une bonne idée de Catherine me permit de tirer un parti avantageux et inattendu de cette particularité du caractère de l'entêté vieillard.

Ayant ainsi, à la façon des bardes et des orateurs modernes, épuisé en *prolegomena* tout le temps et presque tout l'espace qui se trouvent en ce moment à ma disposition, j'arrive enfin au fait qui représente la moelle de cette histoire.

Il se trouvait,—ainsi le voulut le sort, — parmi les amis maritimes de ma fiancée, deux gentlemen qui venaient de débarquer en Angleterre après un voyage à l'étranger qui avait duré une année. Or, un certain dimanche soir, 10 octobre, trois semaines après la mémorable et cruelle décision qui nous désespérait, ma cousine et moi, non sans nous être entendus au préalable, nous entrâmes chez mon oncle Drolgoujon en compagnie de ces deux messieurs. Pendant un quart d'heure environ la conversation roula sur la pluie ou le beau temps ; mais enfin nous parvînmes, sans avoir l'air de rien, à donner à l'entretien la direction suivante :

Le capitaine Pratt.—Tiens ! tiens ! savez-vous que mon absence a duré juste une année ?.. Mais oui, un an, jour pour jour. C'est aujourd'hui le 10 octobre et vous vous rappelez, Drolgoujon, que je suis venu vous faire mes adieux le jour même de mon départ. A propos, voyez donc comme ça se rencontre ! le voyage de notre ami, le capitaine Smitherton, a aussi duré une année, jour pour jour.

Smitherton.—C'est vrai, il y a juste un an que je suis parti. Vous vous souvenez, monsieur Drolgoujon, que je suis venu avec le capitaine Pratt vous présenter mes respects avant de partir. Il y a aujourd'hui un an de cela.

Mon oncle.—Oui, oui, oui,—je me le rappelle très-bien. C'est curieux ! Vous partez tous les deux le même jour pour vous en aller chacun de votre côté, et vous revenez presque à la même heure. Voilà ce que le docteur Double L. Dé qualifierait de curieuse coïncidence de faits. Cet illustre savant.....

Catherine (l'interrompant).—En effet, papa, c'est tant soit peu bizarre ; mais M. Pratt et M. Smitherton n'ont pas suivi la même route ; ça fait une différence, tu sais.

Mon oncle.—Je sais, je sais... Eh bien, non, je ne sais pas du tout, gamine. Au contraire, je trouve que ça rend la susdite coïncidence encore plus singulière. Le docteur Double L. Dé...

Catherine.—Mais, papa, le capitaine Pratt a doublé le cap Horn, tandis que M. Smitherton doublait le cap de Bonne-Espérance.

Mon oncle.—Justement ! L'un a navigué à l'est et l'autre à l'ouest, ils ont tous les deux fait le tour du monde. A propos, le savant Double L. Dé...

Moi, avec ma vivacité habituelle.—Dites-donc, Pratt, il faudra venir passer la soirée avec nous demain, vous et Smitherton ; vous nous raconterez vos impressions de voyage ; nous ferons une partie de whist ! et...

Pratt.—Une partie de whist, mon cher. Vous oubliez que c'est demain dimanche ; on ne joue pas aux cartes ce jour-là. Un autre soir.

Catherine.—Fi donc ! Robert n'est pas encore assez perverti pour proposer ça... C'est *aujourd'hui* dimanche.

Mon oncle.—Parbleu !

Pratt.—Je vous demande pardon à tous les deux ; mais vous vous trompez assurément. Je sais que c'est *demain* dimanche, parce que...

Smitherton, d'un air très-étonné.—Ah çà, à quoi pensez-vous tous? Vous savez bien que c'était *hier* dimanche !

Tous.—Hier? allons donc ! Vous rêvez !

Mon oncle.—Eh oui, c'est *aujourd'hui* dimanche. Est-ce que je ne sais pas?

Pratt.—Du tout ! C'est *demain* dimanche.

Smitherton.—Vous avez tous perdu la tête. Je suis aussi sûr que c'était *hier* dimanche, que je suis sûr d'être assis dans ce fauteuil.

Catherine, se levant d'un bond.—J'y suis, j'y suis !... Papa, c'est une punition du ciel pour... pour ce que vous savez bien. Laissez-moi parler et je vais vous expliquer la chose. C'est simple comme bonjour. M. Smitherton affirme que c'était *hier* dimanche et il a raison. Mon cousin Robert, toi et moi, nous soutenons que c'est *aujourd'hui* dimanche et nous n'avons pas tort. M. Pratt affirme que c'est *demain* dimanche et il ne se trompe pas. Bref, tout le monde est dans le vrai ; car c'est *la semaine des trois dimanches.*

SMITHERTON, après avoir réfléchi un instant :— Ma foi, Pratt, Catherine nous a fait voir que nous cherchions midi à quatorze heures. Étions-nous bêtes ! Laissez-moi vous expliquer l'affaire. Vous savez que la terre a vingt-cinq mille milles de circonférence. Or, notre globe tourne sur son axe, de l'est à l'ouest, en vingt-quatre heures... Vous suivez bien mon raisonnement, Drolgoujon ?

MON ONCLE.—Oui, certainement, docteur Double... pardon, je voulais dire : oui, capitaine.

SMITHERTON.—Eh bien, cela nous donne donc une vitesse de mille milles à l'heure. Or, supposez que je parte d'ici et que je fasse mille milles dans la direction de l'ouest, il est clair que j'aurai anticipé d'une heure le lever du soleil de Londres. En d'autres termes, je verrai le soleil une heure avant vous. Continuant ma route dans la même direction, au bout de mille autres milles, j'aurai encore gagné une heure sur vous, et ainsi de suite, jusqu'à ce que j'aie fini mon tour du monde ; alors, revenu à mon point de départ, après avoir fait vingt-quatre mille milles à l'ouest, j'aurai anticipé de vingt-quatre heures le soleil de Londres, c'est-à-dire que j'aurai sur vous l'avance d'une journée entière. Vous comprenez, n'est-ce pas?

Mon oncle.—Mais le docteur Double...

Smitherton, d'une voix de tonnerre.—Le capitaine Pratt, au contraire, lorsqu'il aura eu accompli le même trajet dans la direction opposée, se trouvera en retard de vingt-quatre heures, soit d'une journée, sur le temps de Londres. De façon que, pour moi, c'était *hier* dimanche,—pour vous, c'est *aujourd'hui* dimanche,— et pour Pratt, c'est *demain* dimanche. Et qui plus est, ainsi que l'affirmait fort bien miss Catherine, il est clair que nous avons tous raison et que personne n'a tort; car je vous défie de mettre en avant un argument philosophique qui m'oblige à accorder la préférence à l'une ou l'autre de ces opinions contraires.

Mon oncle.—Saperlotte!... Allons, Catherine! —Allons, Bobby!—C'est en effet une punition du ciel, comme disait cette petite mijaurée. Mais je suis homme de parole, rappelez-vous ça. Tu l'auras, mon garçon, elle et sa dot, quand tu voudras. Enfoncé, par Jupiter! Trois dimanches à la queue leu-leu! Je vais aller consulter là-dessus le docteur Double L. Dé.

VIII

LE SPHINX

Pendant le règne terrible du choléra à New-York, je m'étais rendu à l'invitation d'un parent qui m'avait engagé à passer une quinzaine de jours auprès de lui, dans une villa assez isolée, sur les bords de l'Hudson. Aucune des distractions dont les campagnards disposent pendant l'été ne nous fit défaut; et, grâce aux promenades dans les bois, au dessin, aux courses en canot, à la pêche, à la natation, à la musique et aux livres, nous aurions été à même de tuer le temps d'une façon assez agréable, sans les lugubres dépêches qui nous arrivaient chaque matin de la populeuse cité. Pas un jour ne s'écoulait qui ne nous apportât la nouvelle de la mort de quelque connaissance. Puis, à mesure que le fléau étendait ses ravages, nous apprîmes à attendre sans cesse l'annonce de la perte d'un ami. Enfin, l'approche d'un messager suffisait pour nous faire trembler. La brise du sud nous semblait imprégnée d'une odeur cadavéreuse.

Cette pensée atterrante finit même par s'emparer de mon âme. Je ne pouvais plus parler d'autre chose; je ne pouvais plus ni penser, ni rêver à autre chose. Mon hôte, doué d'un tempérament moins facile à émouvoir, bien qu'il fût très-abattu lui-même, s'efforçait de relever mon moral. Son esprit, éminemment philosophique, ne se laissait jamais troubler par les non-réalités. Un sujet de terreur palpable ne le trouvait pas insensible; mais les fantômes du danger ne lui causaient aucune appréhension.

Ses tentatives pour me tirer de l'accablement anomal auquel je me laissais aller furent rendues presque vaines par l'effet de certains ouvrages que j'avais découverts dans sa bibliothèque. Ces ouvrages étaient de nature à faire germer en moi toute semence de superstition héréditaire qui avait pu rester cachée dans les recoins de mon esprit. Comme je faisais ces lectures à son insu, il avait souvent peine à se rendre compte des visions qui venaient troubler mon imagination.

Un des sujets de conversation que j'aimais surtout à aborder était la croyance populaire dans les présages,—croyance qu'à cette époque de ma vie, j'étais prêt à défendre sérieusement. Nous entamions là-dessus des discussions longues et animées, —mon ami soutenant qu'il fallait avoir le cerveau fêlé pour croire à de pareilles absurdités, tandis que je prétendais que tout sentiment populaire qui se déclare avec une spontanéité absolue,— c'est-à-dire sans aucune trace apparente de suggestion, porte en lui les éléments d'une vérité incontestable et mérite beaucoup de respect. Le fait est que peu de temps après mon arrivée à la maison de campagne, il m'était arrivé une aventure tellement inexplicable et d'un présage si funèbre, que je n'ai pas à m'excuser d'y avoir vu un signe de mauvais augure. Non-seulement cet incident m'épouvanta et me confondit; mais le trouble que j'éprouvai fut tel, qu'il se passa plusieurs jours avant que je pusse me décider à en parler à mon hôte.

Vers la fin d'une journée accablante, j'étais assis, livre en main, devant une croisée ouverte, d'où l'on apercevait, par une longue échappée des rives du fleuve, une colline éloignée dont le versant, de mon côté, avait été dépouillé de la plupart de ses arbres par un éboulement. Depuis longtemps, ma pensée distraite avait abandonné le livre ouvert sur mes genoux pour rêver à la tristesse et à la désolation de la ville voisine.

Mon regard, en quittant la page inachevée, tomba sur le versant dépouillé dont j'ai parlé, et sur un objet, — ou plutôt sur un monstre vivant, d'une conformation hideuse,—qui descendit rapidement du sommet de la colline, et disparut dans l'épaisse forêt qui se trouvait au bas.

En apercevant d'abord cette horrible créature, je doutai de ma raison,—ou, tout au moins, j'eus de la peine à en croire mes yeux, et il me fallut plusieurs minutes pour m'assurer que je n'étais ni fou, ni sous l'influence d'un rêve. Cependant, lorsque j'aurai décrit le monstre (que je vis très-distinctement et que je contemplai avec calme pendant tout le temps qu'il mit à arriver au bas de la colline), mes lecteurs, je le crains, auront plus de difficulté que moi à se convaincre que je ne subissais ni l'une ni l'autre de ces influences.

En comparant la taille de cet affreux animal au diamètre des grands arbres auprès desquels il passa,—aux rares géants de la forêt que l'impétuosité de l'éboulement avait respectés,—je dus conclure qu'il surpassait de beaucoup le plus grand vaisseau de ligne qu'on ait encore construit. Je dis vaisseau de ligne, parce que la forme du monstre me suggéra cette comparaison, la coque d'un de nos navires de soixante-quatorze canons pouvant donner une idée assez exacte de ses contours.

La bouche de l'animal s'ouvrait à l'extrémité d'une trompe d'environ soixante ou soixante-dix pieds de long, et à peu près aussi large que le corps d'un éléphant ordinaire. Vers la racine de cette trompe, on voyait une immense quantité de poils noirs et rudes,—plus que n'en aurait fourni la peau d'une vingtaine de buffles; du milieu de ces poils sortaient deux défenses latérales et brillantes, assez semblables à celles d'un sanglier, mais infiniment plus grandes. Parallèle à la trompe, et de chaque côté, une espèce de corne gigantesque, formée en apparence du cristal le plus pur, en forme d'un prisme parfait, réfléchissait dans toute leur splendeur les derniers rayons du soleil couchant.

Le corps ressemblait à un coin dont la pointe eût été tournée vers le sol. Au-dessus s'étendaient deux paires d'ailes superposées; chaque aile pouvait avoir une centaine de mètres de long, et était recouverte d'écailles d'un aspect métallique, d'un diamètre de dix ou douze pieds. Je remarquai que les ailes supérieures étaient rattachées à celles de dessous par une forte chaîne.

Mais, ce qui me frappa le plus dans cet être hideux, ce fut l'image d'une tête de mort qui lui couvrait presque toute la superficie de la poitrine, ressortant en traits bien dessinés et d'une blancheur éclatante, sur le fond noir du corps, où elle paraissait avoir été tracée par une main d'artiste.

Tandis que je contemplais avec horreur et épouvante,—avec un sombre pressentiment qu'aucun effort de ma raison ne put calmer,—cette créature repoussante, et plus particulièrement l'image tracée sur sa poitrine, je vis les vastes mâchoires de l'animal s'ouvrir tout à coup. Il en sortit une plainte si perçante, si désolée, qu'elle agita mes nerfs comme eût fait un glas funèbre; et au moment même où le monstre disparaissait au pied de la colline, je perdis connaissance et tombai à la renverse.

Naturellement, lorsque je revins à moi, mon premier mouvement fut de parler à mon ami de ce que j'avais vu et entendu, et je ne puis guère expliquer le sentiment de répugnance qui m'en empêcha.

Enfin, trois ou quatre jours plus tard, un soir que nous étions assis dans la chambre où j'avais vu l'apparition, — moi occupant le même siége devant la même croisée, lui flanant sur un canapé, non loin de moi,—l'occasion favorable de l'heure et de l'endroit me poussa à lui faire la description du phénomène qui m'avait frappé. Il m'écouta jusqu'au bout;—d'abord, il se prit à rire de bon cœur;—mais il ne tarda pas à devenir très-sérieux, comme s'il ne lui était plus permis de douter de ma démence. Au même instant, j'aperçus de nouveau et très-distinctement le monstre. Je poussai un cri d'épouvante, en attirant son attention. Il s'empressa de regarder; mais il affirma qu'il ne voyait rien, bien que je lui eusse exactement indiqué la route suivie par le monstre, en descendant le versant dépouillé de la colline.

J'étais alarmé au dernier degré; car je ne pouvais plus regarder la vision que comme un présage de mort, ou, pis que cela, comme l'avant-coureur d'un accès de folie. Je me rejetai dans mon fauteuil et je me cachai le visage dans les mains. Lorsque je les retirai, l'apparition n'était plus visible.

Mon hôte, cependant, avait retrouvé son calme habituel; il m'interrogea très-minutieusement sur la conformation de cette créature imaginaire. Lorsque j'eus répondu à toutes ses questions, il soupira comme un homme qui se sent allégé d'un poids intolérable, et se mit à causer, avec un sang-froid que je ne pus m'empêcher de trouver cruel, de divers points de philosophie spéculative que nous avions discutés les jours précédents. Je me rappelle qu'entre autres choses, il insista surtout sur l'idée que la plupart de nos erreurs viennent de la facilité avec laquelle notre esprit exagère ou déprécie l'importance d'un objet, parce qu'il ne sait pas se rendre un compte exact de l'éloignement ou du rapprochement relatif de cet objet.

« Par exemple, continua-t-il, si vous voulez estimer à sa juste valeur l'influence que le développement du principe démocratique doit exercer sur l'humanité en général, la date plus ou moins éloignée de ce développement devra certainement entrer pour beaucoup dans vos calculs. Eh bien, pouvez-vous me citer un seul écrivain qui ait pensé que ce point important méritât le moins du monde d'être discuté ? »

Puis, après un moment de silence, il se dirigea vers une bibliothèque et revint avec un petit manuel d'histoire naturelle, me priant de changer de place avec lui, afin qu'il pût mieux distinguer les caractères un peu fins du volume, il s'assit dans le fauteuil, devant la fenêtre, ouvrit le livre, et continua, à peu près sur le même ton qu'auparavant :

— Sans les renseignements détaillés que vous m'avez fournis sur le monstre, je n'aurais peut-être jamais pu vous démontrer ce que c'était. Laissez-moi, tout d'abord, vous lire une description à l'usage des colléges du genre SPHINX, famille des *crépusculaires*, ordre des *lépidoptères*, classe des *insecta* ou insectes :

« Quatre ailes membraneuses superposées, recouvertes de petites écailles colorées d'un aspect métallique : bouche en forme de trompe roulée, provenant d'une élongation des mâchoires, de chaque côté de laquelle se trouvent des rudiments de mandibules et des palpes hérissées de poils ; les ailes inférieures rattachées à celles de dessus par une soie roide ; antennes formant une massue prismatique allongée ; abdomen en pointe. Le Sphinx à la tête de mort a occasionné beaucoup de terreur parmi les ignorants par l'espèce de cri lugubre qu'il pousse, et les insignes de la mort tracés sur son corselet. »

Ici mon compagnon ferma le livre et se pencha en avant, dans la position que j'occupais au moment où j'avais aperçu *le monstre*.

—Et tenez, le voici ! s'écria-t-il au bout de quelques minutes ; il remonte la colline, et j'avoue franchement que c'est un animal d'un aspect très-remarquable. Seulement il est loin d'être aussi énorme et aussi éloigné que vous le supposiez ; je l'examine, tandis qu'il grimpe, en se tortillant, le long de ce fil qu'une araignée a tissé dans le chassis de la croisée, et je vois qu'en réalité il mesure environ un seizième de pouce dans sa plus grande longueur, et qu'il se trouve à une distance à peu près égale de la pupille de mon œil. »

IX

LES LUNETTES

Il a été de mode, autrefois, de tourner en ridicule l'idée de l'amour à première vue ; mais ceux qui pensent, aussi bien que ceux qui sentent vivement, ont toujours cru à l'existence des coups de foudre de la passion. Les découvertes modernes, dans ce qu'on pourrait nommer le magnétisme moral, font même présumer que les affections humaines les plus naturelles, et, par conséquent, les plus vives et les plus vraies, sont celles qu'éveille dans le cœur une sorte de sympathie électrique; en un mot, les chaînes psychiques les plus brillantes et les plus durables sont celles qu'un premier regard a rivées. La confession que je vais faire ajoutera une preuve de plus aux exemples déjà si nombreux de ce que j'avance.

La nature de mon récit m'oblige à entrer dans certains détails minutieux. Je suis encore un tout jeune homme,—vingt-deux ans à peine. Le nom sous lequel on me désigne aujourd'hui, Simpson, est très-commun et assez plébéien. Je dis *aujourd'hui*, parce que je le porte depuis peu; il y a un an à peine que j'ai obtenu l'autorisation légale de l'adopter, par suite de l'héritage considérable que m'a laissé un parent éloigné, Adolphe Simpson, à la condition que désormais je prendrais le nom du testateur;—son nom de famille, veux-je dire, et non pas son nom de baptême. Mon nom de baptême est Napoléon Bonaparte, ou, pour parler plus correctement, tels sont mon prénom et mon surnom.

Ce ne fut pas sans quelque répugnance que j'acceptai la condition qui m'était imposée, attendu que ma véritable désignation patronymique, Froissart, m'inspirait un orgueil d'autant plus pardonnable que je me crois en mesure de prouver que je descends de l'immortel auteur des *Chroniques*. A propos, puisque j'ai abordé le chapitre des noms propres, on me permettra de signaler une bizarre coïncidence de rime entre ceux de quelques-uns de mes prédécesseurs immédiats. Mon père était un M. Jules Froissart, de Paris; sa femme, ma mère, mariée à quinze ans, était une demoiselle Croissart, fille aînée de Croissart le banquier, dont la femme, qui ne comptait que seize printemps lors de cette union, était la fille aînée d'un M. Victor Voissart. Chose singulière, ce Voissart avait épousé une jeune personne d'un nom assez semblable au sien, une demoiselle Moissart, qu'on aurait encore pu prendre pour une enfant lorsqu'on la conduisit à l'autel et dont la mère n'avait guère dépassé la trentaine à cette époque. Ces mariages précoces sont fort communs en France. Toujours est-il qu'il s'établit ainsi une parenté directe entre les Moissart, les Voissart, les Croissart et les Froissart. Mais, je le répète, un acte du Congrès m'avait autorisé à changer mon nom en celui de Simpson, ce que je fis tellement à contre-cœur que je fus même sur le point de refuser l'héritage plutôt que d'accepter la clause inutile et agaçante qui s'y rattachait.

Quant aux qualités physiques, je n'en suis nullement dépourvu. Au contraire, je me flatte d'être bien fait de ma personne et de posséder ce que neuf individus sur dix seraient disposés à appeler un beau visage. Ma taille est de cinq pieds onze pouces. Mes cheveux sont noirs et bouclés. Mon nez est d'une assez belle venue. Mes grands yeux gris ne manquent pas d'expression ; et bien qu'en réalité ils soient d'une faiblesse très-gênante, on ne s'en douterait guère à les voir. Ce défaut, néanmoins, m'a toujours causé beaucoup d'ennuis et j'ai essayé tous les remèdes, hormis un seul. Étant jeune et joli garçon, j'éprouve une répugnance bien naturelle à porter des lunettes, et je m'y suis toujours refusé avec fermeté. Je ne connais vraiment rien qui défigure autant un frais visage et donne aux traits un tel air de gravité sournoise, pour ne pas dire de vieillesse et d'austérité. D'un autre côté, un lorgnon sent terriblement la fatuité et l'affectation. Je me suis donc tiré d'affaire tant bien que mal sans avoir recours à l'opticien. Mais c'est trop appuyer sur des détails tout personnels et qui, en somme, sont de peu d'importance. Je me contenterai d'ajouter que je suis d'un tempérament sanguin, téméraire, ardent, enthousiaste et que toute ma vie j'ai été un admirateur passionné du beau sexe.

Un soir de l'hiver dernier, j'entrai, en compagnie de mon ami Talbot, dans une loge du *P... Théâtre*. C'était un soir d'opéra, et les affiches étalaient des promesses plus attrayantes que de coutume, de sorte que la salle se trouvait comble ; mais nous étions arrivés à temps pour prendre les places qu'on nous avait réservées au premier rang et que nous gagnâmes non sans peine en coudoyant la foule.

Pendant deux heures, mon ami, passionné pour la musique, donna toute son attention à ce qui se passait sur la scène, tandis que je m'amusais, de mon côté, à examiner l'auditoire, composé en grande partie de l'élite de la ville. Mon inspection terminée, j'allais enfin m'occuper de la *prima donna*, lorsque mon regard fut attiré et fixé par une figure que j'aperçus dans une loge qui avait d'abord échappé à mon observation.

Dussé-je vivre mille ans, je ne saurais oublier la vive émotion que je ressentis à l'aspect de cette figure. C'était celle d'une femme, la plus exquise que j'eusse jamais vue. Le visage se trouvait tourné vers la scène, de façon qu'il s'écoula quelques minutes avant que je pusse le voir bien à l'aise ; mais la forme de la tête était *divine*. Aucun autre mot ne me paraît suffisant pour en peindre le modelé magnifique, et l'épithète me semble même d'une faiblesse ridicule au moment où je l'écris.

La magie des belles formes chez la femme, la nécromancie de la grâce féminine, c'est là une puissance à laquelle il m'a toujours été impossible de résister ; mais j'avais devant les yeux la grâce personnifiée, incarnée, le beau idéal de mes visions les plus fantastiques, les plus enthousiastes. La taille de la dame, que la position de la loge me permettait de voir presque en entier, devait dépasser quelque peu la moyenne et se rapprochait du *majestueux* sans toutefois y atteindre. La richesse des formes et la tournure étaient ravissantes. La tête, dont on n'apercevait que le dos et qui pouvait rivaliser, pour la beauté des contours, avec celle de la Psyché grecque, se trouvait plutôt mise en relief que cachée par un élégant bonnet de gaze aérienne qui me rappela ce *vent tissé* dont parle Apulée. La délicieuse symétrie du bras droit, appuyé sur le bord de la loge, fit frissonner toutes les fibres de mon être. Sous de larges manches ouvertes, à la mode du jour, qui drapaient l'avant-bras et ne dépassaient guère le coude, elle en portait d'autres plus serrées, d'une étoffe transparente, terminées par un poignet de riche dentelle, qui retombait avec grâce sur le haut de la main, ne laissant voir que les doigts délicats, sur l'un desquels brillait une bague ornée de diamants d'une très-grande valeur. Un riche bracelet fermé par une aigrette de pierres fines, qui témoignait d'une façon irrécusable de l'opulence et du bon goût de la dame, faisait ressortir l'admirable rondeur de son bras.

Pendant une demi-heure au moins, je contemplai cette royale apparition; on eût dit que je venais tout à coup d'être métamorphosé en statue. Je sentis alors toute la force et toute la vérité de ce qu'on a dit ou chanté à propos de l'amour à première vue. Ce que j'éprouvais différait essentiellement de tout ce que j'avais ressenti jusqu'à présent, même devant les modèles les plus parfaits de beauté féminine. Une sensation inexplicable, que je dus regarder comme le résultat d'une sympathie *magnétique* de deux âmes, semblait river non-seulement mon regard, mais toutes mes facultés pensantes à l'être adorable que j'avais devant moi. Je voyais,—je sentais,—je savais que j'étais profondément, éperdument, irrévocablement amoureux, et cela avant d'avoir vu le visage de celle que j'aimais. La passion qui me consumait était même si vive, que je suis persuadé qu'elle n'aurait guère diminué si ces traits, que je n'avais pas encore aperçus, eussent été des plus ordinaires,—tant il y a d'anomalies dans la nature du seul amour véritable, de l'amour *à première vue*, et tant il dépend peu des conditions externes qui paraissent ne posséder d'autre pouvoir que celui de le créer et de le contrôler.

Tandis que je me perdais en admiration devant cette charmante vision, une soudaine dispute parmi les spectateurs engagea la dame à tourner la tête de mon côté, de façon que j'aperçus son profil. Il était d'une beauté qui surpassait tout ce que j'avais imaginé; et pourtant, il y avait là quelque chose qui me désappointait, sans que je pusse découvrir l'origine de ce mécompte. J'ai dit *désappointait;* mais l'expression n'est pas tout à fait juste. Je me sentis à la fois plus calme et plus exalté. Mes transports diminuèrent, ou pour mieux dire, mon enthousiasme devint plus tranquille, plus reposé. Ce changement provenait, peut-être, d'un certain air de madone, ou, si vous voulez, de *matrone,* que je remarquai dans ce profil; et cependant je compris tout de suite qu'il ne pouvait provenir de cette seule cause. Il y avait là autre chose,—quelque mystère que je ne pouvais analyser;—ces traits avaient une expression indéfinissable qui me troublait tout en augmentant l'intérêt qu'ils m'inspiraient. De fait, je me trouvais justement dans cette disposition d'esprit qui prépare un homme jeune et ardent à commettre toutes sortes d'extravagances. Si la dame eût été seule, je n'aurais pas manqué de me présenter dans sa loge et de l'aborder à tout hasard; fort heureusement, deux personnes se tenaient auprès d'elle : un monsieur et une dame remarquablement belle aussi, paraissant avoir quelques années de moins que sa compagne.

Je roulai dans ma tête mille stratagèmes pour me faire présenter plus tard à l'aînée des deux dames, ou tout au moins pour contempler sa beauté de plus près pendant le spectacle. J'aurais voulu me rapprocher de sa loge; mais l'encombrement du théâtre s'y opposait. En outre, les lois sévères de la mode défendaient expressément, depuis quelque temps, de se servir d'une jumelle pour dévisager une spectatrice :—d'ailleurs, j'avais oublié la mienne et cela me mit au désespoir.

Enfin, je songeai à m'adresser à mon compagnon.

—Talbot, lui dis-je, vous avez sans doute une lorgnette? Prêtez-la-moi.

—Une lorgnette? Non! Que diable voulez-vous que je fasse d'une lorgnette, *moi?*

Et il se retourna avec un geste d'impatience vers la scène.

—Mon cher, continuai-je en le tirant par l'épaule, écoutez-moi donc un peu! Voyez-vous cette loge d'avant-scène? Là! Non, celle d'à côté.... Avez-vous jamais vu une aussi belle femme?

—Sans doute, elle est très-belle.

—Je voudrais bien savoir qui elle est?

—Comment, vous ne la connaissez pas?

Pour ne pas connaître, il faut être inconnu!

C'est la célèbre madame Lalande,—la beauté du jour par excellence. On ne parle que d'elle dans

10.

la ville. Très-riche par-dessus le marché, et veuve. Un beau parti ! Elle arrive de Paris.

—Vous la connaissez?

—J'ai cet honneur.

—Voulez-vous me présenter ?

—Certainement, avec le plus grand plaisir ; quand le voulez-vous?

—Demain, à un heure, j'irai vous prendre à l'hôtel B....

—Fort bien; et maintenant tâchez donc de vous taire, si vous en êtes capable.

Force me fut de suivre le conseil de Talbot; car il ferma obstinément l'oreille à tout ce que je pus dire ou proposer et ne s'occupa, durant le reste de la soirée, que de ce qui se passait sur la scène.

De mon côté, je restai les yeux fixés sur madame Lalande, et j'eus enfin le bonheur de voir son visage de face. Il était d'une beauté exquise : mon cœur m'avait déjà dit qu'il en serait ainsi, même avant que Talbot m'eût renseigné à cet égard; néanmoins, il y avait toujours un je ne sais quoi qui m'intriguait. Je finis par me convaincre que j'étais impressionné par un certain air de tristesse ou, pour mieux dire, de fatigue qui enlevait quelque chose à la jeunesse et à la fraîcheur du visage, mais seulement pour l'enrichir d'une tendresse séraphique, d'une majesté qui, grâce à mon tempérament enthousiaste et romanesque, devait décupler l'intérêt que je ressentais.

Tandis que je repaissais ainsi mes yeux, je reconnus enfin, non sans un grand émoi, à un tressaillement de la dame, qu'elle venait de s'apercevoir de la fixité de mon regard. Toutefois, j'étais trop fasciné pour pouvoir détourner un seul instant les yeux. Elle cessa de regarder de mon côté, et, de nouveau, je ne vis plus que le contour ciselé qui m'avait d'abord charmé. Au bout de quelque temps, comme poussée par un désir curieux de savoir si je la contemplais toujours, elle tourna une seconde fois la tête et rencontra une seconde fois mon regard obstiné. Ses grands yeux noirs se baissèrent aussitôt et une vive rougeur colora sa joue. Cette fois, quelle ne fut pas ma surprise de la voir non-seulement ne pas retourner la tête, mais prendre à sa ceinture un binocle qu'elle leva, ajusta, et à travers lequel elle m'examina avec beaucoup de résolution pendant plusieurs minutes.

Si la foudre fût tombée à mes pieds, je ne serais pas resté dans un ébahissement plus complet. Notez que je n'étais qu'ébahi, nullement offensé ou désenchanté, bien qu'une pareille hardiesse, venant de toute autre femme, fût de nature à offenser ou à désenchanter. Mais elle y avait mis trop de sang-froid, trop de nonchalance et d'aisance, —en un mot, un air de trop bon ton pour qu'on pût y voir la moindre effronterie, de sorte que je n'éprouvai d'autres sentiments que l'admiration et la surprise.

Je remarquai qu'elle s'était d'abord contentée d'une rapide inspection de ma personne et qu'elle se disposait à abaisser son binocle, lorsqu'elle parut se raviser, releva le lorgnon et continua à m'examiner avec une attention marquée pendant plusieurs minutes,—pendant cinq minutes au moins, j'en suis sûr.

Cette façon d'agir, si inusitée dans un théâtre américain, attira une attention assez générale, et donna même lieu, parmi les spectateurs, à un bourdonnement indéfini qui me remplit de confusion, sans toutefois produire un effet visible sur les traits de madame Lalande.

Ayant satisfait sa curiosité,—si tant est qu'elle eût agi par curiosité,—elle laissa retomber son binocle pour reporter les yeux sur la scène, et je ne vis plus que son profil. Je m'obstinai à la contempler, bien que je susse très-bien que j'agissais en homme mal élevé. Bientôt je vis madame Lalande changer lentement et presque imperceptiblement de position; je ne tardai pas à reconnaître que, tout en feignant de s'occuper des acteurs, elle m'observait de nouveau. Je n'ai pas besoin de dire l'effet qu'une telle persistance, de la part d'une femme aussi séduisante, dut produire sur mon esprit.

Après m'avoir regardé pendant un quart d'heure peut-être, l'objet de ma passion s'adressa au cavalier qui l'accompagnait, et, tandis qu'elle lui parlait, je reconnus, à la direction de leurs coups d'œil, que l'entretien se rapportait à moi.

La conversation terminée, madame Lalande se retourna vers la scène et parut s'y absorber; mais, au bout de quelques minutes, je fus jeté dans une agitation extrême, en lui voyant ouvrir pour la seconde fois son binocle, me regarder bien en face, et, malgré le murmure de la salle, m'examiner de la tête aux pieds, avec ce sang-froid merveilleux qui avait déjà ravi et troublé mon âme.

Cette conduite extraordinaire, en m'agitant au point de me causer une véritable fièvre, en me jetant dans le délire même de l'amour, servit plutôt à m'enhardir qu'à me décourager. Dans la folle intensité de la passion, j'oubliai tout, hormis la présence et le charme vainqueur de la vision qui m'était apparue. Je saisis une occasion, lorsque je crus les spectateurs exclusivement occupés de l'opéra; et, rencontrant enfin le regard de madame Lalande, je lui fis un salut fort léger, mais qui s'adressait à elle de façon à rendre toute méprise impossible.

Elle rougit beaucoup, détourna les yeux, regarda autour d'elle, sans doute pour voir si l'on avait remarqué mon audace, puis se pencha vers le gentleman assis auprès d'elle.

Je regrettai amèrement l'inconvenance dont je venais de me rendre coupable; je ne m'attendais à rien moins qu'un éclat, tandis que la perspective d'une paire de pistolets à mettre en réquisition pour le lendemain traversa rapidement et désagréablement ma pensée. Ce fut un grand et prompt soulagement pour moi de voir la dame se contenter de remettre un programme à son cavalier sans lui adresser la parole. Le lecteur pourra se faire une faible idée de ma surprise,—de ma stupeur,—du trouble délirant qui enivra mon cœur et mon âme, lorsque le moment d'après, ayant encore jeté autour d'elle un coup d'œil furtif,—la dame souffrit que son regard brillant s'arrêtât sur le mien; puis, avec un sourire presque imperceptible, qui laissa entrevoir une rangée éclatante de dents semblables à des perles, me fit deux inclinations de tête bien distinctes, bien marquées, qui étaient une réponse non équivoque à mon salut.

Il est inutile de décrire ma joie, mes transports, l'extase où nageait mon cœur. Si jamais homme est devenu fou par excès de bonheur, je le devins à ce moment. J'aimais! Je sentais que c'était mon premier amour. C'était l'amour suprême, indéfinissable. C'était *l'amour à première vue*, et qui plus est, on l'avait apprécié, *on y répondait* à première vue.

Oui, on y avait répondu. Comment, pourquoi en aurais-je douté? Comment expliquer autrement une pareille conduite de la part d'une dame aussi belle, aussi riche, aussi accomplie, aussi bien élevée, occupant une aussi haute position dans le monde, aussi respectable sous tous les rapports? Car j'étais persuadé que madame Lalande avait droit aux respects de chacun. Oui, elle m'aimait, —elle répondait à l'enthousiasme de ma passion par un enthousiasme non moins aveugle, aussi incapable de compromis ou de calcul, aussi illimité que le mien. Ces réflexions et ces rêves délicieux furent interrompus par la chute du rideau. Les spectateurs se levèrent, et il s'ensuivit le désordre habituel. Quittant brusquement Talbot, je m'efforçai de me rapprocher de madame Lalande; mais la foule, trop pressée, m'obligea d'abandonner la partie. Je me résignai donc à rentrer chez moi, me consolant de n'avoir pas même pu toucher le pan de sa robe par l'espoir de lui être présenté le lendemain, dans les formes, par mon ami.

Le lendemain finit par arriver, c'est-à-dire que le jour succéda enfin à une longue et fatigante nuit d'impatience ; ensuite les minutes, jusqu'à une heure, marchèrent avec une lenteur de limaçon, tristes et innombrables. Mais de Stamboul même, dit le proverbe, on voit la fin, et il y eut un terme à mon attente. L'horloge sonna. Au moment où le dernier écho argentin s'envolait, je m'arrêtais devant l'hôtel B.... et demandais Talbot.

—Sorti, répliqua un valet, qui était justement celui de mon compagnon de la veille.

—Sorti ! répétai-je en reculant d'une demi-douzaine de pas. Permettez-moi de vous dire, mon garçon, que la chose est de la dernière impossibilité,—qu'elle est incroyable. M. Talbot *n'est pas* sorti. Qu'entendez-vous par là ?

—Rien, monsieur. Mon maître est sorti, voilà tout. Dès qu'il a eu déjeûné, il est parti à cheval pour S.... et il a prévenu qu'il ne serait pas de retour avant huit jours.

Je demeurai pétrifié d'horreur et de colère. J'essayai de parler ; ma langue s'y refusa. Enfin, je tournai sur mes talons, pâle de rage, envoyant, à part moi, la tribu entière des Talbot faire un voyage d'agrément jusqu'aux régions les plus profondes de l'Érèbe. Il était évident que mon aimable ami avait oublié notre rendez-vous au moment même où je le lui donnais. Jamais il ne s'était trop piqué de tenir sa parole. Il n'y avait rien à faire ; étouffant mon dépit aussi bien que je pus, je me promenai dans la rue avec mauvaise humeur, adressant à chaque ami que je trouvais sur mon chemin des questions futiles sur le compte de madame Lalande. Tous, à ce que je vis, la connaissaient de réputation, et presque tous l'avaient vue ; mais elle n'habitait notre ville que depuis quelques semaines, et fort peu de ceux que je rencontrai avaient l'honneur d'être connus d'elle. Encore étaient-ce des connaissances trop récentes pour pouvoir ou pour vouloir se permettre de me présenter durant une visite matinale. Tandis que je me tenais là, en désespoir de cause, m'entretenant avec trois jeunes gens du sujet dont mon cœur était plein, le hasard voulut que la dame vînt à passer.

« Justement, la voilà, s'écria l'un d'eux.

—Admirablement belle ! ajouta le second.

—Un ange sur terre ! » reprit le troisième.

Je regardai. Dans une voiture découverte qui s'avançait de notre côté, descendant lentement la rue, j'aperçus la vision enchanteresse de l'Opéra, accompagnée de la jeune dame que j'avais vue dans la même loge.

« Sa compagne se conserve admirablement bien, ajouta celui qui avait parlé le premier.

—Étonnamment ! répondit le second interlocuteur. Elle a encore du brillant ; l'art fait des merveilles ! Ma parole, elle a meilleure mine que lorsque je l'ai rencontrée à Paris, il y a cinq ans. C'est encore une très-belle femme. N'êtes-vous pas de mon avis, Froissart ?... Pardon, je voulais dire Simpson.

—*Encore !* m'écriai-je. Et pourquoi ne le serait-elle plus, s'il vous plaît ? Comparée à son amie, elle a l'air de l'étoile de Vénus à côté d'une mèche de veilleuse, d'un ver luisant à côté d'Antarès.

—Ah, ah, ah ! d'honneur, Simpson, vous avez un tact merveilleux pour faire des découvertes... surtout des découvertes originales. »

Sur ce, nous nous séparâmes, tandis qu'un des trois promeneurs fredonnait un gai vaudeville dont je ne saisis que ce passage :

« Ninon, Ninon, Ninon à bas,
A bas Ninon de l'Enclos [1]. »

Pendant ce petit colloque, une chose m'avait consolé, bien qu'elle contribuât à entretenir la passion qui me consumait. Au moment où l'équi-

[1] En français dans le texte.

page de madame Lalande avait passé non loin du groupe que nous formions, je m'étais aperçu qu'elle me reconnaissait ; bien mieux, elle m'avait gratifié du plus séraphique des sourires, preuve certaine qu'elle se souvenait de moi.

Quant à l'espoir de lui être présenté, il me fallait y renoncer jusqu'au jour où il plairait à Talbot de revenir de la campagne. En attendant, je fréquentai assidûment les endroits de réunion des gens comme il faut ; et enfin, j'eus la joie suprême de la revoir dans la salle de spectacle où je l'avais aperçue pour la première fois, et où mon regard rencontra de nouveau le sien. Mais cette joie ne me fut accordée qu'au bout d'une quinzaine. Durant l'intervalle j'étais allé tous les jours à l'hôtel de Talbot, où chaque fois l'éternel « *pas encore revenu* » de son domestique me donnait des crispations de colère.

Le soir en question, j'étais donc dans un état qui approchait de la folie. Madame Lalande, m'avait-on dit, était une Parisienne, arrivée tout récemment de la capitale. Ne se pourrait-il pas qu'elle y retournât à l'improviste ? Si elle quittait la ville avant le retour de Talbot, ne serait-elle pas à jamais perdue pour moi ? Je ne pus supporter une pensée aussi navrante. Puisque mon bonheur, mon avenir étaient en jeu, je me décidai à agir avec une fermeté virile. En un mot, à la fin du spectacle, je suivis la dame jusqu'à sa demeure, je pris note de l'adresse, et le lendemain, je lui envoyai une longue et laborieuse épître, où je versai le trop-plein de mon cœur.

Je m'exprimai bravement, librement,—bref, je parlai avec passion, je ne lui cachai rien, pas même le défaut dont j'ai parlé. Je fis allusion aux circonstances romanesques de notre première rencontre et aux regards que nous avions échangés. J'allai jusqu'à me déclarer convaincu qu'elle m'aimait; tandis que je présentai cette conviction et l'ardeur de mon dévouement comme deux excuses qui devaient justifier une conduite autrement impardonnable. J'appuyai, comme troisième circonstance atténuante, sur la crainte où je vivais de lui voir quitter la ville avant d'avoir réussi à me faire présenter à elle selon les règles de l'étiquette. Je terminai la lettre la plus extravagante, la plus chaleureuse qu'on ait jamais écrite par une franche déclaration de ma position, de ma fortune, et par l'offre de mon cœur et de ma main.

J'attendis la réponse dans un paroxysme d'angoisse. Après un intervalle qui me parut un siècle, cette réponse arriva.

Oui, *elle arriva.* Quelque romanesque que ce récit puisse sembler, je reçus une lettre de madame Lalande, de la riche, de la belle madame Lalande, que tout le monde idolâtrait. Ses yeux, ses yeux superbes, n'avaient pas donné un démenti à son cœur. En véritable Française qu'elle était, elle obéissait aux conseils de sa raison, aux généreuses impulsions de sa nature,—elle méprisait les prudences de convention. Elle ne repoussait pas mon offre. Elle ne s'abritait pas derrière un silence dédaigneux. Elle ne me renvoyait pas ma lettre sans la décacheter. Elle m'avait même adressé une réponse tracée par ses doigts de fée et ainsi conçue :

« *Monsieur Simpson me pardonnera de ne pas écrire la belle langue de son pays aussi bien que je le voudrais. Il n'y a que quelque temps que je suis arrivée en Amérique, et je n'ai pas encore eu l'occasion de l'étudier.*

« *Cette excuse expliquera le laconisme de ma réponse... J'ajouterai, hélas! que monsieur Simpson n'a deviné que trop juste. Dois-je en dire davantage?... N'en ai-je pas trop dit déjà ?*

« Eugénie Lalande. »

Je baisai un million de fois cette lettre, qui respirait de si nobles sentiments et qui me fit sans doute commettre une foule de folies dont je ne me souviens plus. Cependant Talbot s'obstinait à ne pas revenir. Hélas ! s'il avait pu se faire la moindre idée des souffrances que son éloignement causait à son ami, sa nature sympathique ne l'aurait-elle pas engagé à presser son retour ? Cependant il ne revenait pas. Je lui écrivis. Il me répondit. Encore retenu par des affaires urgentes, il comptait me rejoindre avant peu. Il me conseillait de prendre patience,—de modérer mes transports,—de faire des lectures calmantes,—de ne rien boire de plus fort que du vin du Rhin,—d'appeler à mon aide les consolations de la philosophie. L'imbécile ! Pourquoi, s'il ne pouvait revenir, ne pas m'envoyer une lettre d'introduction ? J'écrivis de nouveau, le suppliant de m'en adresser une au plus vite. Mon billet me fut renvoyé par cet animal de laquais avec une note au crayon tracée sur l'enveloppe; le butor était allé rejoindre son maître à la campagne :

« *A quitté S—hier pour on ne sait où. N'a pas dit où il allait, ni quand il reviendrait. J'ai donc cru qu'il valait mieux vous renvoyer la lettre, connaissant votre écriture et comme quoi vous êtes toujours plus ou moins pressé.*

A vous sincèrement.

« Stubbs. »

Je n'ai pas besoin de dire qu'au reçu de cette communication, je vouai aux divinités infernales le maître et le valet ;—mais à quoi bon se mettre en colère? Quelle consolation trouve-t-on à se plaindre ?

Mon audace naturelle me fournissait encore une ressource. Jusqu'alors elle m'avait bien servi et je résolus de l'utiliser jusqu'au bout. D'ailleurs, après la correspondance échangée entre nous, quel acte de simple inconvenance pouvais-je commettre, en ne dépassant pas les bornes, dont madame Lalande eût le droit de se formaliser ? Depuis l'affaire de la lettre, je m'étais mis à rôder souvent autour de la maison, et j'avais découvert qu'elle se promenait, vers l'heure du crépuscule, dans un square public sur lequel donnaient les croisées de sa demeure, et où elle se faisait suivre d'un domestique nègre en livrée. Là, sous la voûte épaisse et touffue des arbres, dans la pénombre grise d'une belle soirée d'été, je saisis une occasion favorable pour l'accoster.

Afin de tromper le domestique, j'abordai la promeneuse avec l'aplomb familier d'une vieille connaissance. Elle me donna la réplique avec une présence d'esprit vraiment parisienne, et me tendit la plus ravissante petite main qu'on puisse voir. Le nègre se retira aussitôt en arrière ; alors, nos deux cœurs étant pleins jusqu'à déborder, nous causâmes longuement et sans réserve de notre amour.

Comme madame Lalande parlait la langue anglaise avec encore moins de facilité qu'elle ne l'écrivait, l'entretien eut nécessairement lieu en français. Ce fut dans ce doux idiôme, si bien fait pour exprimer la passion, que je donnai un libre cours à l'enthousiasme impétueux de mon caractère. Avec toute l'éloquence que je pus appeler à mon aide, je la suppliai de consentir à notre union immédiate.

Mon impatience lui arracha un sourire. Elle mit en avant cette antique barrière des convenances, ce cauchemar qui s'élève trop souvent entre nous et le bonheur, jusqu'au jour où le moment d'être heureux s'est enfui à jamais. J'avais été assez indiscret, me dit-elle, pour parler à mes amis du vif désir que j'éprouvais de lui être présenté;—on savait donc que je ne la connaissais pas,—donc, nous ne pourrions cacher l'époque de notre première rencontre. Puis, elle fit allusion, non sans rougir un peu, à la date si récente de cette rencontre. Se marier tout de suite serait inconvenant,—ce serait braver les lois de l'étiquette, —ce serait outré. Elle formula ces objections avec une charmante naïveté, qui me ravit, tout en me désolant et en me convainquant. Elle alla jusqu'à m'accuser en riant d'agir avec beaucoup d'imprudence, avec étourderie. Elle me conseilla de me rappeler que je ne savais vraiment pas qui elle était, que j'ignorais sa fortune, sa parenté, sa position dans le monde. Elle me pria, avec un gros soupir, de réfléchir à la proposition que je venais de lui faire, et qualifia mon amour d'infatuation, de fantaisie passagère, sans fondement solide, fille de l'imagination plutôt que du cœur. Elle murmura cette fin de non-recevoir, tandis que les ombres du doux crépuscule s'épaississaient autour de nous,—puis, par une légère pression de sa main mignonne, elle renversa en un instant l'édifice d'arguments qu'elle venait d'élever.

Je répondis de mon mieux,—comme un amoureux peut seul répondre. Je parlai avec chaleur, longuement et avec persistance, de mon dévouement, de ma passion, de sa beauté suprême, de mon admiration sans bornes. Pour conclure, j'appuyai, avec une énergie persuasive, sur les dangers qui menacent de troubler le cours de l'amour, —« le cours des amours véritables qui n'a jamais coulé sans obstacle [1], » et je conclus qu'il y aurait

[1] Phrase shakspearienne devenue proverbiale.—(*Note du traducteur.*)

imprudence manifeste à prolonger inutilement les délais.

Ce dernier raisonnement parut enfin modifier la détermination rigoureuse de la bien-aimée. Elle se laissa fléchir; mais il existait un autre obstacle, ajouta-t-elle, auquel je ne semblais pas avoir assez réfléchi. C'était là un point délicat à mettre en avant, surtout pour une femme ; en l'abordant, elle se voyait obligée de faire le sacrifice de ses sentiments... mais, *pour moi*, quel sacrifice ne s'imposerait-elle pas? Il s'agissait de la question d'âge. Savais-je, savais-je bien quelle différence il y avait entre nous sous ce rapport?—Que l'âge d'un mari dépassât de quelques années,—voire de quinze à vingt années,—celui de sa femme, le monde n'y trouvait rien à redire et regardait même la chose comme très-convenable ; mais pour sa part, elle avait toujours été d'avis que le mari ne devait jamais être plus jeune que sa compagne. Dans ce cas, la disproportion devenait peu naturelle et causait trop souvent, hélas! le malheur des ménages. Or, je n'avais guère plus de vingt-deux ans, et, de mon côté, j'ignorais peut-être que l'âge de mon Eugénie dépassait de beaucoup ce chiffre.

Cet aveu témoignait d'une noblesse d'âme, d'une dignité pleine de candeur qui m'enchantèrent, qui rivèrent éternellement ma chaîne. J'eus de la peine à réprimer mes transports.

« Ma douce Eugénie, m'écriai-je, de quoi donc vous inquiétez-vous là? Vous êtes un peu plus âgée que moi ; qu'importe? Les opinions du monde sont autant de sottises de convention. Pour des cœurs aussi aimants que les nôtres, quelle différence y a-t-il entre une heure et une année? J'ai vingt-deux ans, disiez-vous ! Je vous l'accorde, vous pouvez m'en donner tout de suite vingt-trois. Or, vous-même, ma bien-aimée Eugénie, vous ne pouvez avoir plus de…. plus de… de… »

Je me tus, dans l'espoir que madame Lalande allait m'interrompre pour me donner son âge exact. Mais une Française suit rarement la ligne droite ; elle trouve toujours, lorsqu'on lui adresse une question embarrassante, une petite réponse pratique à son usage. Eugénie, qui depuis une minute ou deux paraissait chercher quelque chose dans son corsage, laissa enfin tomber sur le gazon une miniature, que je m'empressai de ramasser et de lui présenter.

« Gardez-la, me dit-elle avec un de ses sourires les plus ravissants, gardez-la pour l'amour de moi, pour l'amour de celle que le peintre a trop flattée. D'ailleurs, vous trouverez peut-être, derrière ce bijou, le renseignement que vous semblez désirer. Il commence, il est vrai, à faire un peu sombre ; mais, demain matin, vous pourrez examiner ce portrait à loisir. En attendant, soyez mon cavalier et accompagnez-moi à la maison. Nous attendons quelques amis, et on fera de la musique. Je puis vous promettre que vous entendrez de bons chanteurs. Nous autres Françaises, nous sommes moins cérémonieuses que vos compatriotes, et je n'aurai aucune peine à vous faire accepter comme une vieille connaissance. »

Sur ce, elle prit mon bras et je la ramenai chez elle. Madame Lalande habitait un bel hôtel qui, je crois, était meublé avec beaucoup de goût. Mais je ne suis guère à même de me prononcer là-dessus ; car il faisait déja sombre lorsque nous gagnâmes la demeure d'Eugénie, et, dans les maisons américaines de premier ordre, on jouit le plus longtemps possible, durant les chaleurs de l'été, de la douceur du demi-jour. Cependant une heure environ après mon arrivée, on alluma dans le grand salon une lampe solaire garnie d'un abat-jour, et je vis alors que cette salle était décorée avec une rare élégance et même avec splendeur ; deux autres salons, où se tenaient la plupart des visiteurs, restèrent dans une agréable semi-obscurité. C'est là une excellente coutume, qui laisse aux invités le choix de l'ombre ou du jour, et que nos amis transatlantiques devraient s'empresser d'adopter.

La soirée que je passai ainsi fut, sans contredit, la plus délicieuse de ma vie. Madame Lalande n'avait en rien exagéré le talent musical des conviés. Si ce n'est à Vienne, je n'ai jamais entendu chanter aussi bien dans une réunion particulière. Les instrumentistes étaient nombreux et d'une habileté remarquable. La musique vocale fut presque entièrement laissée aux dames; aucune ne s'en tira mal. Madame Lalande fut appelée à chanter à son tour. Elle se leva, sans affectation et sans simagrées, de la chaise longue qu'elle occupait auprès de moi, et suivie d'un ou deux gentlemen et de son ami de l'Opéra, se dirigea vers le piano, qui se trouvait dans le salon. Je me serais empressé de l'escorter; mais je sentis que, vu la façon dont j'avais été présenté, je ferais mieux de ne pas bouger et de rester inaperçu dans mon coin. Ma réserve me priva donc du plaisir de voir ma bien-aimée, sinon de l'entendre.

Elle produisit sur l'auditoire un effet électrique; sur moi, elle fit une impression encore plus vive, que je serais en peine de décrire avec justesse et qui devait provenir, en partie, de l'amour dont j'étais pénétré; ma conviction de sa grande sensibilité y entrait sans doute pour beaucoup. L'art ne saurait donner une expression plus passionnée à un air ou à un récitatif. Sa façon de rendre la romance d'*Otello*, la manière dont elle interpréta le *Sul mio sasso* des *Capuletti*, résonnent encore à mon oreille. Sa voix embrassait trois octaves, s'étendant du *ré* de contralto au *ré* de soprano, et bien qu'assez puissante pour remplir le grand théâtre de Naples, elle bravait avec la précision la plus minutieuse toutes les difficultés de la vocalisation, montant et descendant l'échelle, exécutant les cadences et les fioritures avec la plus parfaite légèreté. Dans le final de la *Somnambule*, elle produisit un effet saisissant au passage :

>*Ah ! non giunge uman pensiero*
>*Al contento ond' io son piena.*

A cet endroit, imitant en cela la Malibran, elle modifia la phrase de Bellini et laissa tomber sa voix jusqu'au *sol bas* de ténor; puis, par une rapide transition, elle attaqua le *sol* au-dessus de la troisième portée, sautant ainsi un intervalle de deux octaves.

En quittant le piano où elle avait exécuté ces miracles de mélodie vocale, elle vint reprendre sa place auprès de moi, et je lui exprimai, en termes du plus profond enthousiasme, le plaisir qu'elle m'avait causé. Je ne parlai pas de mon étonnement, bien que j'eusse ressenti une surprise extrême ; car une certaine faiblesse ou plutôt une certaine émotion chevrotante de la voix, que j'avais cru remarquer dans sa conversation ordinaire, m'avait donné à craindre qu'elle ne fût pas une chanteuse de première force.

Notre causerie fut longue, animée, ininterrompue et d'un abandon sans réserve. Eugénie me fit raconter les premiers incidents de ma vie et écouta avec le plus vif intérêt jusqu'aux moindres paroles de mes confidences. Je ne lui cachai rien, je sentais que je n'avais pas le droit de rien cacher à sa tendresse confiante. Encouragé par la candeur qu'elle avait montrée sur un chapitre aussi délicat que celui de son âge, non-seulement je reconnus, avec une parfaite franchise, mes nombreux petits défauts, mais je confessai ces infirmités morales et même physiques dont l'aveu exige plus de courage et devient une preuve d'amour d'autant plus éclatante. Je passai en revue mes folies d'étudiant, mes prodigalités, mes excès, mes dettes, mes amourettes. J'allai même jusqu'à parler d'une toux sèche qui m'avait inquiété autrefois, d'un rhumatisme chronique, de quelques élancements de goutte héréditaire, et, en dernier lieu, de la faiblesse désagréable et incommode de ma vue, que jusqu'alors j'avais soigneusement cachée.

« Quant à ce défaut-là, dit madame Lalande en riant, vous avez grand tort de le confesser ; sans votre aveu, je me figure que personne n'aurait songé à vous accuser de ne pas avoir les meilleurs yeux du monde. A propos, continua-t-elle, vous souvenez-vous, — à ces mots, il me sembla voir, malgré l'obscurité partielle du salon, qu'Eugénie rougissait,— vous souvenez-vous, mon ami, de ce petit instrument d'optique suspendu à mon côté ? »

Tandis qu'elle parlait, elle fit tournoyer entre ses doigts le binocle qui m'avait jeté dans un si grand trouble à l'Opéra.

« Si je m'en souviens ! m'écriai-je, pressant avec passion la main délicate qui soumettait la lorgnette à mon examen. C'était un magnifique bijou à filigrane, assez compliqué, richement ciselé et brillant de pierreries, dont le demi-jour ne m'empêcha pas de reconnaître la grande valeur.

—Eh bien, mon ami, reprit-elle avec un certain air d'empressement qui me surprit un peu, vous m'avez suppliée de vous accorder une faveur que vous voulez bien déclarer inappréciable. Vous m'avez demandé de devenir votre femme demain même. Si je cédais à vos prières, — et aussi, je dois le dire, à la voix de mon propre cœur, — n'aurais-je pas à mon tour le droit de solliciter une bien, bien légère faveur ?

—Parlez! m'écriai-je avec une énergie qui faillit nous faire remarquer des visiteurs, dont la présence seule m'empêchait de me jeter aux pieds de madame Lalande. Parlez! ma bien-aimée, mon Eugénie! Tout ce que vous pourrez me demander est accordé d'avance!

—Dans ce cas, mon ami, vous tâcherez de vaincre, pour complaire à cette Eugénie que vous aimez, la petite faiblesse que vous m'avez avouée en dernier lieu, — une faiblesse plutôt morale que physique, — qui, permettez-moi de vous le dire, s'accorde mal avec la noblesse de votre nature, avec la candeur innée de votre caractère, et qui, si vous ne cherchez pas à la contrôler, vous attirera tôt ou tard quelque mauvaise affaire. Vous vaincrez, pour l'amour de moi, cette affectation qui, ainsi que vous le reconnaissiez vous-même, vous pousse à nier, d'une manière tacite ou implicite, la faiblesse de votre vue. Car vous niez virtuellement cette infirmité en refusant d'avoir recours au remède habituel. Vous saurez donc que je désire vous voir porter des lunettes.—Ah! chut! vous avez déjà consenti à les porter *pour l'amour de moi*. Vous accepterez donc ce petit bijou que je tiens en ce moment à la main et qui, bien que d'une efficacité admirable contre la faiblesse des yeux, n'a vraiment pas une immense valeur intrinsèque. Vous voyez que par une légère transformation, — en pressant ce ressort ou celui-là, — cet instrument peut s'adapter aux yeux sous forme de lunettes ou se porter dans une poche de gilet comme lorgnette. Mais c'est sous cette première forme et habituellement que vous avez consenti d'avance à la porter *pour l'amour de moi.* »

Cette prière, dois-je l'avouer? ne me troubla pas médiocrement. Mais la récompense qui attendait ma soumission rendait toute hésitation impossible.

« J'y consens, m'écriai-je avec enthousiasme. J'y consens! Accordé de grand cœur! Pour vous, j'immolerai tous mes sentiments, je vais ce soir porter cette chère lorgnette, en qualité de lorgnette, sur mon cœur; mais dès l'aube de ce jour qui me donnera la joie de vous nommer ma femme, je placerai votre cadeau sur... sur mon nez, — et le porterai désormais sous la forme moins romantique, moins fashionable, mais plus utile que m'impose votre volonté. »

Le reste de l'entretien roula sur les arrangements à prendre pour le lendemain. Talbot, ainsi que me l'apprit ma fiancée, venait enfin de se décider à revenir. Il fut convenu que j'irais le trouver sans retard et que je me procurerais une chaise de poste. La *soirée* ne devait guère se terminer avant deux heures du matin. Nous convînmes que la voiture se tiendrait à la porte à ce moment, afin que madame Lalande pût y monter inaperçue à la faveur de la confusion causée par le départ des invités. Nous devions alors nous rendre chez un clergyman qui nous attendrait, qui nous unirait sans délai[1]. Nous comptions ensuite dire adieu à Talbot et partir pour un petit voyage en Orient, laissant le grand monde faire les commentaires qu'il lui plairait.

Toutes nos mesures arrêtées, je pris congé de ma bien-aimée et me mis à la recherche de Talbot; chemin faisant, je ne pus m'empêcher d'entrer dans un hôtel afin d'admirer la miniature, que j'examinai à l'aide des verres puissants de mon binocle. La physionomie était d'une beauté merveilleuse! Ces grands yeux lumineux! Ce fier nez grec! Cette riche chevelure noire!

« Ah! me dis-je d'un ton de triomphe, voilà bien le portrait parlant de ma bien-aimée! »

Je retournai le médaillon et je lus ces mots: *Eugénie Lalande, âgée de vingt-sept ans et sept mois.*

---

[1] Ces mariages à la minute sont assez fréquents en Amérique. Voir l'intéressant livre de M. Auguste Carlier : *Le mariage aux États-Unis*, Paris, Hachette, 1860.
(*Note du traducteur.*)

Je trouvai Talbot chez lui et me dépêchai de lui annoncer ma bonne fortune. Il ne me cacha pas combien elle l'étonnait ; il me félicita néanmoins de tout son cœur et se mit à ma disposition. Bref, nous exécutâmes à la lettre notre programme. A deux heures du matin, dix minutes seulement après la cérémonie, je me trouvai avec madame Lalande, — je veux dire avec madame Simpson, — dans une voiture fermée qui s'éloignait rapidement de la ville dans la direction du nord-ouest.

Comme nous avions veillé toute la nuit, il avait été arrangé par Talbot qu'une première station à C., — petit village situé à quelque vingt milles de la ville, nous permettrait de déjeuner et de nous reposer un peu avant de continuer notre voyage. A quatre heures précises, la voiture s'arrêta donc devant la porte de la principale auberge de C. — J'aidai mon adorée à descendre et j'ordonnai qu'on nous servît immédiatement à déjeuner. En attendant, on nous installa dans un petit salon où nous nous assîmes.

Il ne faisait pas encore grand jour, bien qu'on vît déjà un peu clair ; et tandis que, l'âme ravie, je contemplais l'ange qui se tenait auprès de moi, l'idée singulière me vint tout à coup que c'était la première fois, depuis qu'il m'avait été donné de connaître la célèbre beauté de madame Lalande, que je pouvais la contempler à la lumière du jour.

« Maintenant, mon ami, dit-elle en me prenant la main et en interrompant le cours de cette réflexion ; maintenant, mon cher ami, puisque nous voilà unis par des liens indissolubles,—puisque j'ai cédé à vos prières passionnées et rempli mes engagements, j'aime à croire que vous avez l'intention de tenir les vôtres. Ah, voyons ! je me rappelle... Je n'ai pas de peine à me souvenir des termes précis de la bonne promesse que vous avez faite hier au soir à votre Eugénie. Vous avez dit : « J'y consens ! Accordé de grand cœur ! Pour vous j'immolerai tous mes sentiments ! Ce soir, je vais porter ce cher lorgnon en qualité de lorgnon, sur mon cœur ; mais dès l'aube du jour qui me donnera la joie de vous nommer ma femme, je placerai votre cadeau sur mon nez, et je le porterai désormais sous la forme moins romantique, moins fashionable, mais plus utile que m'impose votre volonté. » Ne sont-ce pas là les paroles que vous avez prononcées ?

—Oui, répliquai-je ; vous avez une mémoire admirable, et assurément, ma belle Eugénie, je ne me sens nullement disposé à me refuser au léger sacrifice qu'implique ma promesse. Là ! voyez !... Elles ne me vont pas mal... Non, n'est-ce pas ? »

Et après avoir donné au binocle la forme d'une paire de lunettes ordinaires, je les posai délicatement à la place convenable ; tandis que madame Simpson, ajustant son bonnet et se croisant les bras, se carrait dans un fauteuil, dans une attitude roide et guindée, je dirai même dans une pose qui manquait un peu de dignité.

« Bonté divine ! m'écriai-je au moment où la courbe des lunettes s'abattait sur le dos de mon nez. Oh ! là, là ! Miséricorde ! bonté divine ! Que diable ont donc ces verres ? »

Et les ôtant brusquement, je pris mon foulard et les essuyai avec soin avant de les remettre.

Si, dans le premier cas, j'avais été surpris, une seconde inspection me laissa tout abasourdi. Mon ébahissement fut extrême, profond, terrible. Au nom de tout ce qu'il y a de hideux, que voulait dire ce mystère ? Pouvais-je en croire mes yeux, le pouvais-je ? *That was the question !* Est-ce bien *du rouge* qui s'étale sur ces joues ! Sont-ce *des rides* que j'aperçois sur le visage d'Eugénie Lalande ? Par Jupiter et toutes les divinités de l'Olympe, petites ou grandes, que sont devenues ses dents ? Je jetai les lunettes par terre avec un geste de colère, et, me redressant tout d'un coup, je me plantai au milieu de la chambre, confrontant madame Simpson, écumant de rage et d'horreur, mais incapable de parler ou d'agir.

« Eh bien, monsieur, dit-elle en mauvais anglais, après m'avoir contemplé pendant quelques minutes avec une surprise évidente. Eh bien, monsieur, qu'y a-t-il donc ? Qu'est-ce qui vous prend tout d'un coup ? Avez-vous la danse de Saint-Gui ? Si je ne vous plais pas, tant pis ; pourquoi avoir imité les sots, qui achètent *chat en poche ?*

—Sorcière, maudite vieille ! m'écriai-je en haletant.

—Sorcière ? Vieille ? Soit, me répondit-elle. Pas si vieille, après tout ! Je n'ai que quatre-vingt-deux ans, pas un jour de plus.

—Quatre-vingt-deux ans! répétai-je en m'appuyant contre un mur. La miniature disait vingt-sept ans.

—Certainement ! c'est juste ! très-vrai ! Mais ce portrait date de quelque cinquante ans. Lorsque j'ai épousé mon second mari, M. Lalande, j'ai fait faire ce médaillon pour la fille de mon premier époux, M. Moissart.

—Moissart ! m'écriai-je.

—Oui, Moissart, répliqua-t-elle en se moquant de ma façon de prononcer le français, qui, j'en conviens, n'était pas des meilleures. Que trouvez-vous à redire à cela ? Que pouvez-vous savoir sur le compte de M. Moissart, vous ?

—Rien ! Je ne sais rien sur son compte ; seulement j'ai eu un parent de ce nom-là, dans le temps.

—De ce nom-là ! Et qu'avez-vous à dire contre ce nom-là, s'il vous plaît ? C'est un excellent nom ; et Voissart aussi est un excellent nom. Ma fille, mademoiselle Moissart, a épousé un M. Voissart, et les deux noms sont des plus respectables.

—Moissart ? m'écriai-je de nouveau. Moissart et Voissart ? Qu'entendez-vous par là ?

—Ce que j'entends ? J'entends Moissart et Voissart ; et, pendant que j'y suis, j'entends aussi Croissart et Froissart, pour peu que cela me convienne. La fille de ma fille, mademoiselle Voissart, a épousé un M. Croissart, et, plus tard, la petite-fille de ma fille, mademoiselle Croissart, a épousé un M. Froissart. Vous me direz peut-être que ce nom-là n'est pas respectable ?

—Froissart ! murmurai-je, sur le point de me trouver mal. Vous ne voulez sûrement pas dire Moissart et Voissart et Croissart et Froissart ?

—Si ! répliqua-t-elle en s'arrangeant dans son fauteuil. Si ! Moissart et Voissart, et Croissart et Froissart. J'ajouterais même que M. Froissart était ce qu'on appelle un gros imbécile, car il a quitté la belle France pour venir dans cette stupide Amérique, où il s'est établi et où il a eu un fils qu'on dit bête à manger du foin, mais que ni moi ni ma parente, madame Stéphanie Lalande, n'avons eu le plaisir de rencontrer. Il s'appelle Napoléon Bonaparte, et j'espère que vous n'allez pas soutenir que ce nom-là n'est pas très-respectable? »

Je m'étais laissé tomber, pâle d'horreur, dans le fauteuil qu'elle venait d'abandonner.

« Moissart et Voissart! répétai-je d'un ton rêveur. Croissart et Froissart! ajoutai-je plus haut. Moissart et Voissart, et Croissart et Napoléon Bonaparte Froissart! mais, Napoléon Bonaparte Froissart, *c'est moi, c'est moi!* C'EST MOI, entendez-vous?... C'EST MO... A... A...! Je suis Napoléon Bonaparte! Et je veux que le diable m'emporte à tout jamais si je n'ai pas épousé ma trisaïeule! »

Madame Eugénie Lalande, *presque* Simpson et ci-devant Moissart, était en effet ma trisaïeule. Dans sa jeunesse, elle avait été très-belle, et même, à quatre-vingts ans, elle avait conservé le port majestueux, le contour sculptural de la tête, les beaux yeux et le nez grec de son bon temps. Grâce à ces restes, au blanc de perle, au rouge végétal, aux faux cheveux, aux fausses dents, aux fausses *tournures*, grâce aussi au concours des plus habiles modistes de Paris, elle était parvenue à conserver une certaine position parmi les beautés un peu passées de la métropole. Sous ce rapport, on aurait presque pu la regarder comme l'égale de la célèbre Ninon de Lenclos.

Immensément riche, restée veuve pour la seconde fois, et sans enfants, elle avait songé à l'existence d'un certain Napoléon Bonaparte, devenu citoyen des États-Unis, dont elle songeait à faire son héritier. Elle était venue en Amérique en compagnie d'une parente éloignée et admirablement belle de son second mari, une madame Stéphanie Lalande.

A l'Opéra, la persistance de mes regards m'avait fait remarquer de ma trisaïeule qui, après m'avoir examiné à travers son lorgnon, fut frappée d'une ressemblance qui existait entre elle et moi. Cet air de famille devait d'autant plus l'intéresser qu'elle savait que l'héritier qu'elle cherchait habitait la même ville, et elle avait interrogé son voisin sur mon compte. Ce dernier me connaissait de vue et lui dit qui j'étais. Ce renseignement engagea la vieille dame à m'examiner de nouveau, — ce qui m'avait poussé à tenir la conduite absurde que j'ai racontée. Elle m'avait rendu mon salut, convaincue qu'un étrange hasard m'avait aussi découvert qui elle était. Lorsque, trompé sur l'âge et les charmes de la dame, par la faiblesse de mes yeux et par les artifices de sa toilette, j'avais mis tant d'enthousiasme à prier mon ami Talbot de me dire le nom de cette belle personne, il avait cru naturellement que je voulais parler de la plus jeune et m'avait répondu avec la plus grande sincérité, par l'éloge de la célèbre veuve, madame Lalande.

Le lendemain, ma trisaïeule, rencontrant à la promenade Talbot, qu'elle avait connu autrefois à Paris, il va sans dire qu'il ne tarda pas à être question de moi. Mon infirmité visuelle fut alors expliquée, car personne ne l'ignorait, bien que je me flattasse du contraire; et ma bonne parente apprit, à son grand regret, qu'elle se trompait en supposant que je la connaissais et que je jouais tout bonnement un rôle des plus ridicules, en faisant la cour de loin et en plein théâtre à une vieille dame que je n'avais jamais vue. Afin de me donner une leçon, elle organisa un complot avec Talbot, et celui-ci se tint à l'écart pour éviter de me présenter. Les amis rencontrés par moi dans la rue, peu de temps après ma visite à l'hôtel B..., et auxquels j'avais adressé des questions au sujet de la charmante veuve, madame Lalande, avaient, comme de raison, supposé que je songeais à madame Stéphanie Lalande, — ce qui explique mon entretien avec ces messieurs et l'allusion à Ninon de Lenclos. Je n'avais jamais eu l'occasion de voir madame de près au grand jour, et, à la soirée musicale, la sotte vanité qui m'empêchait de porter des lunettes, ne m'avait pas permis de reconnaître son âge. Lorsqu'on avait sommé madame Lalande de chanter à son tour, on s'adressait à la jeune dame qui s'était levée pour répondre à cette flatteuse invitation. Ma trisaïeule, afin d'entretenir mon illusion, m'avait quitté au même instant pour accompagner son amie jusqu'au piano. Dans le cas où je me serais décidé à l'escorter vers le salon voisin, elle m'aurait conseillé, sous prétexte des convenances, de n'en rien faire ; mais on a vu que ma prudence avait rendu ce conseil inutile. Les morceaux tant admirés qui m'avaient confirmé dans l'idée de la jeunesse de ma bienaimée avaient été chantés par madame Stéphanie Lalande. Le lorgnon devait servir de morale à la leçon et ajouter une pointe acérée à l'épigramme de ma déception. L'offre de ce bijou fournissait d'ailleurs l'occasion du petit sermon contre l'affectation qui m'avait édifié. Il serait presque inutile d'ajouter que la vieille dame avait fait remplacer les verres dont elle se servait habituellement par d'autres mieux adaptés à ma vue. Je dois reconnaître que ces verres paraissent avoir été fabriqués tout exprès pour moi.

Le clergyman, qui avait seulement feint de serrer le lien fatal, était un joyeux compère de

Talbot, fort peu ecclésiastique. Par compensation, c'était un excellent cocher, et, après avoir quitté sa soutane noire pour endosser une houppelande, il avait conduit la chaise de poste qui emportait l'heureux couple à l'auberge de C. Talbot avait pris place sur le siége à côté de son complice. De cette façon, les deux misérables avaient assisté à la scène du coup de grâce et s'étaient amusés à contempler le dénoûment du drame à travers une croisée entr'ouverte du salon où nous étions descendus. Je crains bien d'être obligé d'envoyer un cartel aux deux traîtres.

Après tout, je ne suis *pas* l'époux de ma trisaïeule, et cette réflexion me soulage infiniment; — mais *je suis* l'époux de madame Lalande, — de madame Stéphanie Lalande, — avec qui ma digne et vieille parente (non contente de me faire son héritier lorsqu'elle mourra... si elle se décide jamais à mourir), s'est donné la peine d'arranger mon mariage. Pour conclure, j'ai renoncé à écrire des billets doux et on ne me rencontre plus sans LUNETTES.

X

LES DÉBUTS LITTÉRAIRES DE THINGUM BOB

Ex-rédacteur en chef de la *Buse Savante.*

Je me fais vieux, et puisque la mort n'a respecté ni Shakspeare ni M. Emmons [1], il ne serait pas impossible qu'elle m'emportât aussi. La prudence me conseille donc de ne pas attendre la dernière heure pour me retirer de l'arène du journalisme et me reposer sur mes lauriers. Mais j'ai l'ambition, lorsque je dépose le sceptre littéraire, de signaler ma retraite en léguant à la postérité une œuvre importante, et puis-je rien lui léguer de plus précieux que le récit de mes débuts? Aussi bien,

[1] Il y a aux États-Unis plusieurs écrivains de ce nom. —Je ne sais quel est celui dont Poë entend se moquer ici.—(*Note du traducteur.*)

quiconque est arrivé à la célébrité n'accomplit qu'un simple devoir en laissant derrière lui, dans sa route ascensionnelle, des poteaux indicateurs qui puissent guider les autres vers le temple de la gloire. Je me propose donc, dans ces pages (que j'avais eu quelque idée d'intituler MEMORANDA POUR SERVIR A L'HISTOIRE DES BELLES-LETTRES EN AMÉRIQUE), de fournir d'amples détails sur mes premiers pas, si décisifs, mais faibles et vacillants, dans ce chemin qui m'a conduit au pinacle de la renommée humaine.

Parler de ses ancêtres *très*-reculés, à quoi bon? Pendant bien des années, mon père, Thomas Bob, brilla au premier rang parmi les gens de sa profession dans la ville de Smug, où il exerçait les fonctions de barbier-parfumeur. Ses salons étaient le rendez-vous des notabilités de l'endroit, surtout celles de la presse, qui inspirent à leur entourage une vénération et une crainte si profondes. Pour ma part, je regardais les écrivains comme des dieux, et j'absorbais avidement les flots d'esprit et de sagesse qui découlaient de leurs lèvres augustes, tandis qu'on leur savonnait le menton. Pour retrouver la date véritable de ma première inspiration, il me faut remonter au jour à jamais mémorable où le brillant directeur du *Taon*, déclama devant le cénacle de nos apprentis un poëme inimitable en l'honneur de « la seule et unique Huile de Bob, » huile qui doit son nom à mon père, l'inventeur distingué de ce cosmétique. Je résolus sur l'heure de devenir un grand homme, et de commencer en devenant un grand poëte. Le soir même je me jetai aux genoux de mon père.

— Mon père, lui dis-je, pardonne-moi ! — mais j'ai l'âme trop élevée pour me résigner à savonner un épiderme étranger. J'ai la ferme intention de planter là ta boutique, je veux diriger une revue, je veux me livrer à la poésie,—je veux composer des strophes sur l'Huile de Bob. Pardonne, et aide-moi à devenir illustre !

— Mon cher Thingum, répliqua mon père (mon nom de baptême me venait du nom de famille d'un riche parent); mon cher Thingum, dit-il en me tirant par les oreilles pour me relever, tu vaux ton pesant d'or. Il y a des siècles que je m'en aperçois, et j'avais songé à faire de toi un avocat. Mais le métier a cessé d'être comme il faut, et la politique ne rapporte pas un sou. Tout bien considéré, tu as pris le bon parti; va donc pour le journalisme, et si tu peux passer poëte en même temps—à la façon de la plupart de ces messieurs—tu auras fait d'une pierre deux coups. Pour t'encourager, dès le début je t'accorde une mansarde, les plumes, le papier et l'encre, un dictionnaire des rimes et un abonnement au *Taon*. Je présume que tu ne saurais demander davantage.

— Je serais un ingrat, un vaurien, si j'exigeais rien de plus ! répliquai-je avec enthousiasme. Tu me combles. Je te prouverai ma reconnaissance en faisant de toi le père d'un génie ! »

Ainsi finit mon entretien avec le meilleur des hommes ; la conférence terminée, je me mis à cultiver la muse avec une ardeur peu commune ; car je comptais sur mes travaux poétiques pour arriver à trôner dans un fauteuil de rédacteur en chef.

Dès mes premières tentatives, je fus plutôt entravé qu'aidé par le souvenir des stances à l'Huile de Bob, dont la splendeur m'éblouissait au lieu de m'éclairer. Lorsque je comparais ces vers sublimes à mes essais mal venus, je me sentais naturellement découragé ; de façon que je me consumai en longs et stériles efforts. Enfin, il me vint une de ces idées originales qui germent parfois dans les têtes illuminées d'en haut. Parmi les derniers rebuts d'un étalagiste, j'avais déterré plusieurs vieux livres oubliés, sinon tout à fait inconnus. Le libraire me les céda pour une bagatelle. Dans un de ces bouquins, qui se donnait pour une traduction de *l'Inferno* d'un nommé Dante, je copiai de ma plus belle écriture, un long passage consacré à un sieur Ugolin. Dans un autre, qui contenait un tas de pièces de théâtre par un individu dont le nom m'échappe, je pris un certain nombre de lignes à propos *d'anges, de ministres de grâce, de lutins damnés* [1] et autres choses semblables que je transcrivis avec le même soin et le même talent calligraphique. Un troisième volume, composé par un bonhomme aveugle, un Grec ou un Indien Choctaw, peu importe, — je ne puis me casser la tête à me rappeler ces vétilles, — me fournit une cinquantaine de vers qui commençaient par « La colère d'Achille, » et le reste. Je choisis dans le quatrième — je me souviens que celui-là était également l'œuvre d'un aveugle — une page ou deux où il était question de « grêle » et de « lumière divine, » et bien qu'un aveugle n'ait pas trop le droit de parler de lumière, les vers étaient pourtant assez bons dans leur genre.

Ayant copié ces morceaux, d'une manière très-lisible, je les signai tous OPPODELDOC (un beau nom et sonore); puis je les mis sous enveloppe et les expédiai à nos quatre principaux *magazines*, avec prière de les insérer et de les payer dans le plus bref délai. Par malheur, le résultat de cette tentative, dont le succès m'aurait épargné beaucoup de

---

[1] *Hamlet*, acte I, scène IV. — (*Note du traducteur.*)

travail dans la suite, me prouva qu'il n'est pas facile de mystifier certains aristarques, et donna le coup de grâce, comme disent les Français, à mes espérances à peine écloses, comme on dit dans la cité des transcendantalistes.

Le fait est qu'aucune des revues auxquelles je m'adressai ne manqua d'administrer un éreintement complet à maître Oppodeldoc dans la colonne des « Réponses mensuelles à nos correspondants. » Le *Nasillard* lui donna du fil à retordre dans la tartine suivante :

Oppodeldoc (quel que soit ce monsieur) nous envoie une longue tirade où il est question d'un aliéné qu'il baptise *Ugolin*, lequel a une nichée d'enfants qu'on devrait fouetter et envoyer coucher sans souper. Son récit, d'un bout à l'autre, est d'une pâleur, pour ne pas dire d'une *platitude* pitoyable. Oppodeldoc manque d'imagination,—et, s'il nous est permis d'émettre ici notre humble opinion, l'imagination est non-seulement l'âme, mais le cœur même de la Poésie. Oppodeldoc (quel que soit ce monsieur) a l'audace de nous prier d'insérer au plus vite ses balivernes et de solder sans délai le prix de sa copie. Nous n'insérons ni n'achetons de pareilles niaiseries. Nous le prévenons toutefois qu'il trouvera sans peine à vendre autant de galimatias qu'il en pourra griffonner, pour peu qu'il se donne la peine de présenter ses manuscrits au *Braillard*, ou *Sucre-d'Orge* ou à la *Buse Savante*.

C'était traiter bien cruellement le pauvre Oppodeldoc,—mais la raillerie la plus mordante consistait à mettre le mot POÉSIE en petites capitales. Quel océan d'amertume dans ces six majuscules !

L'infortuné trouva un critique non moins féroce dans le rédacteur du *Braillard,* qui s'exprimait en ces termes :

Nous recevons une communication des plus baroques et des plus insolentes d'un correspondant qui signe Oppodeldoc,—jetant ainsi de la boue sur la glorieuse mémoire de l'empereur romain de ce nom. La lettre d'Oppodeldoc (quel que soit ce monsieur) est accompagnée d'une série de vers ou plutôt d'une divagation ridicule et incompréhensible à propos *d'anges et de ministres de grâce,*—divagation qu'un échappé de Bedlam de la force d'un Nat Lee [1] ou d'un Oppodeldoc était seul capable de rêver. Et il a la modestie de nous demander de l'argent comptant en échange de ces niaiseries ! Non, monsieur ; non ! La copie que nous achetons n'est pas dans ce goût-là. Adressez-vous au *Nasillard,* au *Sucre d'orge* ou à la *Buse Savante.* Ces *chiffons périodiques* accepteront certainement toute espèce de rebut littéraire que vous voudrez bien leur offrir et *promettront* de vous payer.

[1] Poëte dramatique (1657-1691), célèbre pour l'extravagance et l'enflure de son style.
(*Note du traducteur.*)

Quelle absinthe pour le pauvre Oppodeldoc !
mais cette fois, au moins, tout le poids de la raillerie tombe sur les revues ennemies, qu'on traite méchamment de chiffons périodiques — et en italiques encore, ce qui dut les piquer au vif.

Le *Sucre d'orge* ne se montra pas moins sauvage. Voici sa réponse :

Un individu, qui s'enorgueillit du pseudonyme d'Oppodeldoc (illustres morts, à quels vils usages vos noms servent trop souvent !) nous adresse quelque cinquante ou soixante *vers*, qui débutent par

La colère d'Achille et les malheurs sans fin, etc.

Nous avons l'honneur de prévenir Oppodeldoc qu'il ne se trouve pas dans nos bureaux un seul apprenti en bas âge qui n'ait l'habitude de composer chaque jour de meilleures *lignes*. Celles d'Oppodeldoc n'ont pas le nombre de syllabes voulu. Oppodeldoc ferait bien d'apprendre à compter. Comment il a pu se mettre dans la tête que nous (nous !) consentirions à déshonorer nos pages en y admettant ces sottises sans nom, c'est là un problème impossible à résoudre. Mais ses rapsodies sont à peine dignes de figurer dans le *Nasillard,* le *Braillard* ou la *Buse Savante,* — recueils qui ont coutume de nous servir les mélodies de ma *Mère l'Oie* en guise de poëmes lyriques entièrement inédits ! Et Oppodeldoc (quel que soit ce monsieur) a l'impudence de nous prier de payer son radotage !

Oppodeldoc sait-il, se doute-t-il que les sommes les plus folles, versées dans notre caisse, ne suffiraient pas pour nous engager à publier sa copie ?

Tandis que je parcourais cet avis, je me sentais devenir de plus en plus petit ; arrivé à l'endroit où l'on se moquait de la facture de *mes* vers [1], c'est tout au plus si je pesais une once. Quant à Oppodeldoc, le pauvre diable commençait à m'inspirer une véritable pitié. Mais la *Buse Savante,* si c'est possible, fut plus impitoyable encore que le *Sucre d'orge ;* elle disait :

Un misérable poétaillon, qui signe Oppodeldoc, est assez niais pour s'imaginer que nous sommes capables (*nous*, La Buse Savante !) d'insérer et de payer une masse de rabâchages sans suite et sans grammaire qu'il nous adresse et qui commencent par ce vers très-intelligible :

« *Hail, Holy Light ! offspring of Heaven, first born* [2] »

Nous disons *très-intelligible* : en effet, qu'Oppodeldoc veuille bien nous apprendre comment la *grêle*

---

[1] Oppodeldoc a oublié de dire qu'il avait copié Homère dans la traduction de Pope.

[2] « Salut, lumière sacrée, fille du ciel, née la première ! » C'est le début du chant III du *Paradis Perdu*. *Hail,* en anglais, signifie à la fois *salut* et *grêle*.

(*Notes du traducteur.*)

devient une *lumière sacrée*.—Nous avions cru jusqu'à ce jour que ce mot signifiait *pluie gelée*. Nous expliquera-t-il aussi comment la *pluie gelée* peut être à la fois une *lumière sacrée* (???) et *un rejeton*, expression qui, pour peu que nous sachions notre langue, ne doit servir à désigner que des enfants de cinq à six semaines? Mais il serait par trop ridicule de critiquer de pareilles sornettes, bien qu'Oppodeldoc (quel que soit ce monsieur) ait l'effronterie sans seconde de supposer que nous allons non-seulement imprimer ses ignorantes rêvasseries, mais qui plus est *les payer!*

On n'est pas plus naïf, on n'est pas plus réjouissant!—et nous sommes presque tentés de punir l'égoïsme de ce jeune barbouilleur de papier en insérant son envoi, mot pour mot, *tel qu'il l'a écrit*. Nous ne saurions lui infliger un châtiment plus sévère et nous le lui ferions subir sans l'ennui qui en résulterait pour nos lecteurs.

Qu'Oppodeldoc adresse désormais ses compositions au *Nasillard*, au *Sucre d'orge* ou au *Braillard*. Ces feuilles les inséreront. Elles insèrent tous les mois des articles non moins risibles. Que notre correspondant s'adresse à elles; mais NOUS, on ne nous insulte pas impunément.

Il ne fallait plus que cela pour m'achever; quant au *Nasillard*, au *Braillard* et au *Sucre d'orge*, je ne sais comment ils y ont survécu. Ce elles imprimé en diamant, à côté de ce NOUS dont les majuscules écrasaient l'ennemi de leur grandeur méprisante, leur donnait le coup de grâce;—quelle façon mordante d'insinuer la petitesse, la bassesse de l'adversaire!—oh! c'était de l'absinthe, c'était du fiel. A la place de ces revues, je n'aurais épargné aucune démarche pour amener la *Buse Savante* devant les tribunaux. La loi qui punit les actes de cruauté envers les animaux aurait permis de leur intenter un procès. Pour ce qui est d'Oppodeldoc (quel que fût ce monsieur), il ne m'inspirait plus la moindre sympathie. C'était évidemment un benêt qui méritait jusqu'au dernier des coups de pied qu'on lui allongeait.

Le résultat de mon expérience avec les vieux bouquins me démontra, d'abord, que la probité est la plus habile des politiques; elle me prouva en second lieu que, si je ne parvenais pas à écrire mieux que M. Dante, les deux aveugles et les autres anciens, il me serait difficile d'écrire plus mal. Je repris donc courage, décidé à me lancer dans le genre inédit, nonobstant les études et la peine qu'il m'en pourrait coûter. Je plaçai donc encore une fois sous mes yeux, en guise de modèle, les strophes étincelantes du directeur du *Taon* sur l'Huile de Bob, et je résolus de composer sur ce thème sublime une ode nouvelle qui pût rivaliser avec l'autre.

Le premier vers vint assez facilement. Il était ainsi conçu :

> Pour bien chanter l'Huile de Bob...

Mais après avoir cherché toutes les rimes autorisées en *ob*, je dus m'en tenir là. Dans mon embarras, j'invoquai l'aide paternelle, et au bout de quelques heures de sérieuses méditations, nous parvînmes, mon père et moi, à terminer ainsi le poëme :

> Pour bien chanter l'Huile de Bob
> Il faudrait la douceur d'un Job.
> Signé : Snob.

Ma composition, je l'avoue, ne péchait point par la longueur — mais « il me restait encore à apprendre, » comme on dit dans l'*Edinburgh Review*, que le mérite d'une œuvre littéraire ne dépend en rien de son plus ou moins d'étendue. En somme, j'étais assez content de mon coup d'essai ; il ne s'agissait plus que de savoir en faveur de qui je disposerais de mon ode. Mon père fut d'avis qu'il fallait l'envoyer au *Taon*; mais deux raisons agirent pour m'en empêcher. Je craignais la jalousie du rédacteur en chef, et le bruit courait, en outre, qu'il ne payait pas ses collaborateurs. Après avoir mûrement réfléchi, je résolus de m'adresser au *Sucre d'orge*, et j'attendis avec anxiété, mais aussi avec résignation.

Dès la livraison suivante, j'eus la joie et l'orgueil de voir mon poëme imprimé tout au long, en tête de la revue, avec cette note significative, qui le précédait, en italiques et entre crochets :

[*Nous signalons à l'attention de nos lecteurs les admirables stances ci-jointes sur l'Huile de Bob. Elles se recommandent d'elles-mêmes par une sublimité, un charme pathétique qui nous dispense de tout éloge. Ceux de nos abonnés à qui une triste médecine sur le même admirable sujet, tombée de la plume d'oie du rédacteur en chef du* Taon, *a pu donner des nausées, feront bien de comparer les deux écrits.*

N. B. *Nous brûlons de sonder le mystère que cache le pseudonyme de* Snob. *Nous sera-t-il permis d'espérer une entrevue personnelle ?*]

On ne faisait tout au plus que me rendre justice ; mais je l'avoue, je m'attendais à un accueil un peu moins chaleureux—aveu, soit dit en passant, que je formule à la honte éternelle de mon pays et de l'humanité en général. Je m'empressai de rendre visite au directeur du *Sucre d'orge*, et j'eus le bonheur de trouver ce gentleman chez lui. Il me salua d'un air de profond respect, entremêlé d'une forte dose d'admiration paternelle et protectrice, inspirée sans doute par l'extrême jeunesse et l'inexpérience que révélait mon extérieur. M'ayant indiqué un siége, il aborda sur-le-champ la question de mon poëme ;—mais toujours la modestie me défendra de répéter les mille compliments qu'il me prodigua. M. Crab (ainsi se nommait le directeur) analysa mon œuvre avec beaucoup de franchise et de tact—n'hésitant pas à m'indiquer quelques légers défauts. Nous causâmes naturellement des strophes publiées dans le *Taon ;* puissé-je ne jamais être soumis à une critique aussi incisive, à des reproches aussi écrasants que ceux dont M. Crab accabla cette malencontreuse élucubration ! Je m'étais habitué à voir dans le rédacteur en chef de ladite feuille un personnage surhumain ; mais M. Crab m'eut bientôt désabusé sur ce point. Il me dévoila dans leur vrai jour le caractère personnel et les défauts littéraires du *Taon*, ainsi qu'il se plaisait à désigner ironiquement son confrère. Un triste sire que ce monsieur ! Il avait écrit des infamies. C'était un gazetier à deux sous la ligne et un pitre. C'était une vraie canaille. On lui devait une tragédie qui avait fait pouffer de rire tout le pays, et une comédie qui avait inondé de larmes l'univers. Il avait poussé l'outrecuidance jusqu'à composer ce qu'il appelait une épigramme contre lui (M. Crab) et à le traiter d'âne. Si jamais le désir me prenait d'exprimer mon opinion sur le compte de ce saltimbanque, M. Crab m'assura que les colonnes du *Sucre d'orge* me resteraient ouvertes à deux battants.

Mon interlocuteur s'arrêta et je me permis de glisser un mot au sujet de la rémunération qu'une note imprimée sur la couverture de *Sucre d'orge* m'avait donné à espérer en échange de mes vers ; en effet, cette revue insistait sur son droit de payer à des prix fabuleux les articles reçus, et déclarait qu'elle déboursait souvent, pour un seul poëme de peu d'étendue, plus d'argent que la *Buse Savante*, le *Nasillard* et le *Braillard* réunis n'en dépensaient en douze mois.

A peine eus-je prononcé le mot « rémunération » que M. Crab ouvrit les yeux, puis la bouche d'une façon démesurée, au point d'avoir l'air d'un vieux canard en proie à une agitation extrême et qui va lancer un *couac;*—il resta ainsi, passant à plusieurs reprises la main sur son front, comme s'il se fût senti tout ahuri, jusqu'à ce que j'eusse achevé ce que j'avais à dire.

Mon discours terminé, il s'affaissa dans son fauteuil d'un air très-abattu et ses bras tombèrent inertes de chaque côté du siége, bien que sa bouche demeurât grande ouverte. Tandis que je contemplais avec une muette surprise un maintien si bien fait pour m'alarmer, il se redressa soudain et s'élança vers le cordon de sonnette ; mais au moment de le saisir, il parut se raviser, quelle qu'eût été son intention première, car il plongea sous une table et reparut avec un gourdin. Il se disposait à lever sa trique—pourquoi ? c'est ce que je ne pus deviner,—lorsque tout à coup un sourire affable dérida ses traits, et il se réinstalla dans son fauteuil.

« Monsieur Bob, me dit-il (je lui avais envoyé ma carte avant de monter), vous êtes jeune, je présume—*très* jeune, n'est-ce pas ? »

Je répondis affirmativement, ajoutant que je n'avais pas encore atteint mon troisième lustre.

« Ah ! répliqua-t-il, fort bien ! tout s'explique ; pas un mot de plus ! Vos remarques à propos de rémunération sont très-justes, on ne peut plus justes. Mais—ah ! ah !—un premier article, un *premier*, comprenez-vous, ne se paye jamais ; ce serait contraire aux usages de nos revues. Vous saisissez ma pensée ? Le fait est qu'en pareil cas, nous sommes presque toujours les *créanciers*. (M. Crab sourit d'un sourire bénévole en accentuant ce dernier mot.) En général, *on nous paye* pour insérer un premier essai—surtout lorsqu'il s'agit de vers. En second lieu, monsieur Bob, les revues ont pour règle de ne pas débourser ce que les Français nomment *argent comptant* : —j'aime à croire que vous avez suivi mon raisonnement ? Trois mois, six mois après la publication d'un article,—un an ou deux après— nous ne refusons pas de donner notre billet à neuf mois ;— pourvu, toujours, que nous ayons pris nos mesures pour sauter avant la fin du semestre. J'espère vraiment, monsieur Bob, que mon explication vous paraît satisfaisante ?

A ces mots, M. Crab se tut et je vis que ses yeux étaient gonflés de larmes.

Désolé, malgré mon innocence de toute préméditation, d'avoir causé de la peine à un homme aussi éminent et aussi sensible, je m'empressai de m'excuser et de le rassurer en lui témoignant que je partageais sa façon de voir, et que je comprenais la délicatesse de sa position. Dès que j'eus rempli ce devoir dans un discours assez bien tourné, je pris congé.

Un beau matin, fort peu de temps après cette entrevue, « je me réveillai et me trouvai célèbre[1]. » Rien ne saurait donner une idée plus exacte de l'étendue de ma renommée qu'un renvoi aux opinions exprimées sur mon compte par les écrivains

---

[1] Voir les *Mémoires* de lord Byron.

du jour. Ces opinions, on va le voir, se trouvaient enregistrées dans des notices critiques sur le numéro du *Sucre d'orge* qui contenait mon poëme; elles étaient aussi flatteuses que possible.

Le Hibou, recueil d'une sagacité merveilleuse, connu pour la gravité réfléchie de ses appréciations, formulait ainsi son opinion :

Le *Sucre d'orge !* La livraison d'octobre de ce délicieux *magazine* surpasse les précédentes et met au défi toute concurrence. Eu égard à la beauté de l'impression et du papier, au nombre et à la qualité des gravures, au mérite littéraire des articles, le *Sucre d'orge*, comparé à ses rivaux distancés, a l'air d'Hypérion à côté d'un satyre. On ne peut nier que le *Nasillard*, le *Braillard* et la *Buse Savante* ne soient passés maîtres dans l'art des rodomontades, mais quant au reste, parlez-nous du *Sucre d'orge !* Nous nous demandons comment cette célèbre revue suffit aux énormes dépenses qu'elle s'impose. Il est vrai qu'elle peut compter sur une vente de cent mille numéros et que le chiffre de ses abonnés a augmenté d'un quart durant le dernier mois; mais, d'un autre côté, les sommes qu'elle débourse sans cesse pour droits d'auteur sont incroyables. On dit que M. Finbaudet n'a pas reçu moins de trente-sept *cents*[1] et demi pour son inimitable essai sur les Cochons. Avec M. Crab pour directeur et des collaborateurs tels que Snob et Finbaudet, le mot

[1] Un *cent* vaut dix centimes.

échec doit se trouver rayé du dictionnaire du *Sucre d'orge*. Allez vous abonner !

« Je dois avouer que je fus ravi de me voir citer en première ligne par une feuille aussi respectable que *le Hibou*. En plaçant mon nom, ou plutôt mon nom de guerre, avant celui de l'illustre Finbaudet, on m'adressait un compliment qui me parut aussi flatteur que mérité.

Mon attention fut ensuite attirée par le paragraphe suivant, que je lus dans *le Parasite*[1], revue distinguée pour sa droiture et son indépendance, pour la fière allure qu'elle conserve vis-à-vis des donneurs de dîners.

La livraison d'octobre du *Sucre d'orge* a paru ; il va sans dire qu'elle l'emporte de beaucoup sur nos autres revues grâce à la splendeur de ses illustrations et à la valeur de ses articles. Le *Nasillard*, le *Braillard* et la *Buse Savante* sont passés maîtres dans l'art des rodomontades, nous devons le reconnaître ; mais, quant au reste, parlez-nous du *Sucre d'orge !* Nous sommes encore à nous demander comment ce célèbre *magazine* suffit aux frais énormes qu'il s'impose. Il est vrai qu'il peut compter sur une vente de deux cent mille numéros et que le chiffre de ses abonnés a augmenté d'un tiers

---

[1] *Toad*, crapaud, *toady*, flagorneur, pique-assiette.
(*Note du traducteur.*)

durant la dernière quinzaine ; mais, d'un autre côté, les sommes qu'il débourse chaque mois pour droits d'auteur forment un total effrayant. Nous apprenons que M. Morsonpouce n'a pas reçu moins de cinquante *cents* pour son récent Monologue dans une mare fangeuse.

Parmi les écrivains qui ont enrichi d'articles inédits le numéro que nous avons sous les yeux, nous remarquons (outre l'éminent directeur, M. Crab) des hommes tels que Snob, Finbaudet et Morsonpouce. En dehors des sujets traités par le rédacteur en chef, la plus belle pièce, à notre gré, est une perle poétique par Snob, intitulée Ode a l'Huile de Bob ; mais que nos lecteurs n'aillent pas s'imaginer que ce bijou ait le moindre rapport avec une sotte rapsodie composée sur le même sujet par un individu dont on ne prononce pas le nom devant les gens qu'on respecte. Le *vrai* poëme sur l'Huile de Bob a soulevé une curiosité, un intérêt universels, et chacun désire savoir quel nom cache le pseudonyme évident de Snob ; par bonheur nous sommes à même d'éclaircir ce mystère. Snob est le nom de plume de notre concitoyen, M. Thingum Bob, parent et filleul du célèbre M. Thingum et allié, d'ailleurs, aux plus grandes familles de notre province. Son père, M. Thomas Bob, esquire, est un riche négociant de Smug.

Ces nobles éloges firent battre mon cœur, d'autant plus qu'ils émanaient d'une feuille d'une **honnêteté reconnue et même proverbiale. Les mots**

« sotte rapsodie » dont elle qualifiait *l'Huile de Bob* du *Taon* me parurent des plus mordants et des plus justes. Ceux de « perle poétique » et de « bijou, » appliqués à mon œuvre, me frappèrent comme étant un peu faibles. On aurait pu employer des expressions plus énergiques. Je ne les trouvai pas assez *prononcés*, ainsi que nous disons en France.

J'avais à peine achevé la lecture du *Parasite*, qu'un ami m'apporta un numéro de *la Taupe*, feuille quotidienne jouissant d'une haute réputation, grâce à sa façon clairvoyante d'envisager les choses en général, et à la franchise, à l'élévation lumineuse de ses articles de fond. *La Taupe* s'exprimait dans les termes qu'on va voir sur le compte du *Sucre d'orge* :

Nous venons de recevoir la livraison d'octobre du *Sucre d'orge*, et notre conscience nous oblige à dire que jamais la lecture d'un numéro isolé d'aucune revue ne nous a causé un plaisir aussi vif. Nous ne parlons pas à la légère. Le *Nasillard*, le *Braillard* et la *Buse Savante* feront bien de veiller sur leurs lauriers. Ces feuilles, sans aucun doute, n'ont nulle part leur maître dans l'art des rodomontades ; mais, quant au reste, parlez-nous du *Sucre d'orge !* Nous sommes encore à nous demander comment ce célèbre *magazine* suffit aux frais énormes qu'il s'impose. Il est vrai qu'il peut compter sur une vente assurée de trois cent mille numéros et le chiffre de ses abonnés a augmenté de moitié durant la dernière semaine ; mais aussi les sommes qu'il débourse pour droits d'auteur sont incroyables. Nous savons de bonne source que M. Groscharlatan n'a pas touché moins de soixante-deux *cents* et demi pour LE TORCHON, *scènes de mœurs familières.*

Les auteurs qui ont collaboré au présent numéro sont M. Crab, l'éminent directeur, SNOB, Morsonpouce, Groscharlatan, etc. ; mais après les inimitables compositions du rédacteur en chef, nous accordons la préférence à un vrai diamant, dû à la plume d'un poëte qui commence à faire parler de lui, et qui signe SNOB, nom de plume qui, nous osons le prédire, éclipsera bientôt par son éclat celui de Boz [1]. SNOB, à ce qu'on nous dit, n'est autre que M. Thingum Bob, unique héritier d'un riche négociant de notre ville, Thomas Bob, esquire, et proche parent du célèbre M. Thingum. Le poëme en question est intitulé *l'Huile de Bob,* titre assez malheureux — soit dit en passant — car un méprisable va-nu-pieds attaché à la petite presse a déjà dégoûté ses concitoyens par un stupide radotage sur le même sujet. Toutefois, il n'y a pas le moindre danger qu'on puisse jamais confondre les deux écrits.

La généreuse approbation octroyée par un journal aussi clairvoyant que *la Taupe* me pénétra de

---

[1] Pseudonyme sous lequel Charles Dickens a publié ses premiers ouvrages. (*Note du traducteur.*)

joie. Je trouvai seulement qu'au lieu de « méprisable va-nu-pieds » on aurait mieux fait de mettre « *odieux* et méprisable va-nu-pieds, *canaille et chenapan.* » Je crois que cela eût donné à la phrase une tournure plus gracieuse. En outre, on avouera que la qualification de « vrai diamant » n'était pas assez vigoureuse pour exprimer l'admiration bien évidente que l'éclat de mon ode inspirait à *la Taupe.*

L'après-midi du jour où j'avais lu les comptes rendus du *Hibou,* du *Parasite* et de *la Taupe,* le hasard me fit tomber sous la main un exemplaire du *Faucheux,* feuille périodique dont la haute intelligence est passée en proverbe, et connue pour ne jamais asseoir ses jugements que sur une base des plus solides. Or *le Faucheux* disait :

Le Sucre d'orge !!! ce splendide *magazine* a déjà publié sa livraison du mois d'octobre. Il n'est plus permis de nier la supériorité de ce recueil, et désormais il serait très-ridicule de la part de la *Buse Savante,* du *Braillard* ou du *Nasillard* de continuer leurs efforts convulsionnaires en vue d'une concurrence impossible. Ces feuilles peuvent exceller dans l'art de battre la grosse caisse, mais, quant au reste, parlez-nous du Sucre d'orge !!! Nous sommes encore à nous demander comment cette célèbre revue parvient à suffire aux frais énormes qu'elle s'impose. Il est vrai qu'elle est assurée d'une vente d'un demi-million de numéros —

pas un de moins — et que le chiffre de ses abonnés a augmenté de trois quarts durant les deux derniers jours ; mais, d'un autre côté, on aurait de la peine à croire ce qu'elle débourse chaque mois pour droits d'auteur ; nous savons positivement que miss Volunpeu n'a pas reçu moins de quatre-vingt-sept *cents* et demi pour son récent et admirable conte révolutionnaire intitulé : Les Volontaires de New-York et les Anti-Volontaires de Bunker-Hill.

Les articles les plus remarquables du présent numéro sont, cela va sans dire, ceux du directeur, l'éminent M. Crab ; mais il contient en outre de nombreuses et magnifiques études par des écrivains tels que Snob, miss Volunpeu, Finbaudet, madame Mentassez, Morsonpouce, madame Médifort et Groscharlatan, qui occupe la dernière place sur notre liste, mais non dans notre estime. Où trouverait-on, dans l'univers entier, une réunion de génies aussi étincelants ?

De tous les côtés nous entendons porter aux nues le poëme signé Snob, qui mérite, si c'est possible, encore plus d'éloges qu'il n'en reçoit. Ce chef-d'œuvre d'art et d'éloquence est intitulé l'Huile de Bob. Peut-être — la chose nous semble peu probable cependant — un ou deux de nos lecteurs auront-ils conservé un très-faible, mais fort désagréable souvenir d'un poëme (?) publié sous le même titre par un misérable gazetier à deux sous la ligne, un mendiant et un coupe-jarret, attaché en qualité de gâte-sauce, si nous ne nous trompons, à une de ces feuilles indécentes qui s'impriment dans un des quartiers mal famés de notre ville [1]; nous les prions, au nom du ciel, de ne pas confondre les deux écrits. L'auteur du *vrai poëme* est, nous dit-on, Thingum Bob, esquire, un gentleman de génie et un savant. Snob est un nom de guerre.

J'eus de la peine à contenir mon indignation tandis que je parcourais les dernières lignes de cette diatribe. Il était évident pour moi que le langage ambigu du *Faucheux*,— pour ne pas dire la douceur, l'indulgence dont il faisait preuve en parlant de ce porc, le directeur du *Taon*,— il était évident pour moi, dis-je, que cette douceur de langage provenait de sa partialité pour *le Taon*, que *le Faucheux* cherchait clairement à prôner à mes dépens. Le premier venu,— ce premier venu fût-il un borgne ayant à peine conservé l'usage de son bon œil, — ne pouvait manquer de voir que, si *le Faucheux* avait été de bonne foi, il se fût servi d'expressions moins vagues, plus injurieuses et beaucoup plus justes. Les mots « gazetier à deux sous la ligne, » « mendiant, » « gâte-sauce » et « coupe-jarret » sont des épithètes si faibles et si équivoques qu'elles signifient moins

---

[1] Les lecteurs qui connaissent les habitudes de la petite presse américaine n'accuseront pas notre auteur d'avoir placé sous la plume de ses personnages des aménités *par trop* exagérées.

(*Note du traducteur.*)

que rien lorsqu'on les adresse à l'auteur des plus exécrables stances qu'un fils d'Adam ait jamais composées. Nous savons tous ce qu'on entend par éreinter les gens en ayant l'air de les louer, et d'un autre côté, qui n'eût deviné le dessein caché du *Faucheux*, — celui de glorifier mon rival au moyen d'une critique anodine ?

Toutefois, ce qu'il plaisait au *Faucheux* de dire sur le compte de ce dernier, ne me regardait pas. Mais j'avais le droit de relever ce qu'il disait *de moi*. Après la noble franchise avec laquelle *le Hibou*, *le Parasite* et *la Taupe* avaient reconnu mon mérite, me voir traiter tout bonnement de « gentleman de génie » et de « savant » par *le Faucheux !* c'était par trop fort ! Gentleman de génie, ne voilà-t-il pas un éloge ! Je résolus aussitôt d'exiger du *Faucheux* une rétractation écrite ou de l'appeler sur le terrain.

Impatient de mettre mon projet à exécution, je songeai à trouver un témoin, et comme le directeur du *Sucre d'orge* m'avait donné des preuves convaincantes de l'estime dans laquelle il me tenait, je me décidai à m'adresser à lui.

J'ai beau me creuser l'esprit, je ne suis pas encore parvenu à m'expliquer pourquoi M. Crab prit une mine et un maintien si bizarres, lorsque je lui communiquai mes intentions. Il renouvela la scène du cordon de sonnette et du gourdin, sans omettre celle du canard. Je crus un instant qu'il allait vraiment nasiller. Cependant il finit, comme la première fois, par se calmer, par s'exprimer et agir en être raisonnable. Il refusa néanmoins de porter mon cartel, et me persuada même qu'il ne fallait pas l'envoyer; mais il eut la candeur de reconnaître que *le Faucheux* avait à mon égard des torts impardonnables, — surtout en ce qui concernait les épithètes de « gentleman » et de « savant. »

Vers la fin de cette entrevue, M. Crab, qui semblait s'occuper de mes intérêts avec une sympathie toute paternelle, me suggéra que je pourrais gagner ma vie d'une manière honorable et soutenir ma réputation en jouant parfois Thomas Hawk pour *le Sucre d'orge*.

Je priai M. Crab de vouloir bien m'apprendre quel était ce M. Thomas Hawk, et comment on s'attendait à me voir jouer son rôle.

Ici encore, M. Crab *fit de grands yeux* (comme nous disons en Allemagne); mais, revenu enfin de sa profonde surprise, il m'assura qu'il se servait des mots « Thomas Hawk » afin d'éviter d'employer une expression aussi triviale que celle de Tommy[1];

---

[1] Diminutif de Thomas. (*Note du traducteur.*)

mais que son idée serait mieux rendue par *Tommy Hawk* ou plutôt *tomahawk*, et que l'emploi en question se bornait à scalper, insulter, injurier d'une façon quelconque les auteurs restés dans la catégorie des pauvres diables.

Je répondis à mon protecteur que s'il ne s'agissait que de cela, je me résignais de bon cœur à remplir le rôle de Thomas Hawk. Sur ce, M. Crab m'ordonna d'éreinter sans retard le directeur du *Taon*, et avec autant de férocité que mon talent me permettrait d'en déployer, comme spécimen de mon savoir-faire. Je me mis immédiatement à l'œuvre, et j'accouchai d'une critique sur « l'ode à l'Huile de Bob » de mon rival, qui remplit trente-six pages du *Sucre d'orge*. Je trouvai qu'il était infiniment plus facile de jouer Thomas Hawk que de jouer au poëte; car je travaillais systématiquement, ce qui me permettait sans peine de livrer de la besogne bien faite. Voici ma méthode. J'achetai les *Discours de lord Brougham*, les *OEuvres complètes de Cobbett*, le *Nouveau vocabulaire d'argot*, le *Manuel du persifleur*, le *Dictionnaire des poissardes* (édition in-folio), et l'*Essai sur les langues*, de Lewis G. Clark[1]. Je cardai ces ou-

---

[1] Lewis Gaylard Clark, depuis longtemps rédacteur en chef du *Knickerbocker Magazine*, a fort peu écrit; il n'a encore publié qu'un seul volume (*Knicknacks from an*

vrages au moyen d'une étrille, puis, jetant le produit dans un tamis, je séparai avec soin tout ce qui pouvait sembler honnête (presque rien), ne gardant que les phrases insolentes, que je plaçais dans un poivrier percé de trous longitudinaux, de façon qu'une sentence entière pût y passer sans être trop froissée. Ces préparatifs achevés, il ne restait plus qu'à appliquer le mélange. Lorsqu'on me chargeait de jouer Thomas Hawk, je frottais une page de papier tellière avec le blanc d'*un œuf de jars*; je réduisais alors en lambeaux la chose dont il fallait rendre compte par le même procédé que j'avais employé pour les autres ingrédients, — mais avec plus d'attention, de manière à isoler chaque mot;

Editor's Table, in-18, New-York, 1853), qui n'avait pas paru, lorsque M. Thingum Bob l'a pris à parti. Poe dit dans ses études intitulées *The literati of New York City* : « M. Clark m'a fait l'honneur, un jour, de critiquer mes poésies, et... je lui pardonne. » Il me paraît probable que notre poëte aurait oublié le directeur du *Knickerbocker*, au lieu de lui pardonner comme il fait, si ce dernier avait été plus élogieux. C'est le cas cependant de répéter le distique :

> Cet animal est fort méchant,
> Lorsqu'on l'attaque il se défend.

Quant à Cobbett et à lord Brougham, on sait qu'ils se sont parfois livrés à des violences de langage qui justifient un peu l'usage que Thingum Bob fait de leurs œuvres. (*Note du traducteur.*)

— je mêlais les nouvelles rognures aux anciennes, je replaçais le couvercle, je secouais le poivrier et je saupoudrais la feuille enduite de blanc d'œuf avec le contenu, qui y restait collé. Cela produisait un effet ravissant. C'était admirable ! Je puis même dire que les comptes rendus que j'obtins par un procédé aussi simple n'ont jamais été égalés; ils ont émerveillé l'univers. D'abord, par pure modestie,—résultat de mon inexpérience,—je fus un peu désorienté par un certain manque d'harmonie dans l'ensemble, par un certain air de *bizarrerie*, comme nous disons en France. Toutes les phrases ne *s'ajustaient* pas, pour employer une expression latine. Quelques-unes n'étaient pas d'aplomb. Plusieurs même se présentaient à l'envers, et les victimes de ce dernier accident se trouvaient toujours plus ou moins endommagées, ce qui nuisait à l'effet général,—sauf les paragraphes de M. Lewis Clark, trop vigoureux et trop foncièrement solides pour que la position la plus baroque les pût déconcerter, et qui paraissaient aussi gracieux, aussi plaisants, qu'ils retombassent sur la tête ou sur les pieds.

Que devint le directeur du *Taon* après la publication de ma critique sur son Huile de Bob ? Il me serait assez difficile de le dire. L'hypothèse la plus raisonnable, c'est qu'il versa toutes les larmes de son corps et mourut de chagrin. Quoi qu'il en soit, il disparut aussitôt de la surface de la terre, et depuis lors, personne n'a même revu le fantôme de ce pauvre homme.

Le succès avec lequel j'avais accompli cette mission et apaisé les furies me valut sur-le-champ la haute faveur de M. Crab. Il m'accorda toute sa confiance, me donna la place de Thomas Hawk officiel du *Sucre d'orge*, et l'état de sa caisse lui défendant pour le quart d'heure de m'allouer des appointements, il me permit de profiter à discrétion de ses conseils.

« Mon cher Thingum, me dit-il, un jour après dîner, j'admire vos talents et je vous aime comme un fils. Vous serez mon héritier. A ma mort je vous léguerai *le Sucre d'orge*. En attendant, je veux vous pousser — j'y suis décidé, — pourvu toujours que vous suiviez mes conseils. Il faut commencer par vous débarrasser du vieux grognon,—c'est très-important pour vous.

—Grognon? répétai-je avec un point d'interrogation. Qui? comment?

—Votre père, ajouta-t-il.

—Justement, répliquai-je — j'aurais dû deviner.

—Vous avez encore votre fortune à faire, Thingum, continua M. Crab, et autant vaudrait avoir une

14

pierre attachée autour du cou que d'avouer un parent comme celui-là. Il faut le couper au plus vite. (*Ici je tirai mon couteau.*) Oui, il faut le couper carrément et à tout jamais, poursuivit M. Crab. Avec un pareil père, vous n'arriverez à rien, à rien, c'est moi qui vous le dis. Tenez, j'y songe, le meilleur moyen serait peut-être de lui donner des coups de pied, des coups de canne, ou de vous livrer à telle autre démonstration de ce genre.

—Si je débutais par les coups de pied, pour continuer par les coups de canne et terminer la séance en lui tirant le nez ? qu'en pensez-vous ? » suggérai-je d'un air modeste.

M. Crab me contempla pendant quelques minutes d'un air réfléchi, puis il répliqua :

« Je crois, monsieur Bob, que le moyen que vous proposez remplirait assez bien le but—admirablement bien—du moins jusqu'à un certain point ; mais il est fort difficile de rompre toute espèce de relations avec un barbier, et, en définitive, je crois qu'après avoir soumis Thomas Bob aux opérations que vous venez d'énumérer, il sera prudent de lui noircir les deux yeux avec vos poings d'une façon assez complète pour qu'il ne puisse plus jamais vous saluer dans une promenade fashionable. Ce devoir rempli, je ne vois vraiment pas qu'il vous reste aucune autre mesure à prendre. Mais si,—il n'y aurait pas de mal à le rouler dans le ruisseau, puis à le remettre entre les mains d'un policeman. Dans la matinée du lendemain, vous pourriez choisir votre heure pour passer au violon et affirmer sous serment que le bonhomme s'est livré à des voies de fait envers vous. »

Je fus très-touché de la bonté que me témoignait M. Crab et je m'empressai de mettre à profit ses excellents conseils ; je commençai bientôt à me sentir plus indépendant, un peu plus gentilhomme. Pendant plusieurs semaines le manque d'argent me causa bien quelques ennuis ; mais enfin, à force d'utiliser mes deux yeux et d'observer comment les choses se passaient au bout de mon nez, je vis de quelle façon je pouvais me tirer d'affaire.

Mon plan était d'une grande simplicité. J'achetai, pour peu ou rien, un seizième de *la Tortue rageuse :* voilà tout. Le tour était joué, ma fortune assurée. Il y eut certains petits arrangements postérieurs à prendre, c'est vrai ; mais ils n'entraient pas dans mon plan. Ils en furent la conséquence, —le résultat. Par exemple, je me procurai des plumes, de l'encre et du papier, et je les employai avec une activité dévorante. Ayant complété un article de revue, je l'intitulai Tradéri-déri-déra, *par l'auteur de l'Huile de Bob,* et je l'expédiai sous enveloppe à *la Buse Savante.* Mais ce journal ayant déclaré que mon travail était « un ramassis d'absurdités, » je rebaptisai ma nouvelle : Lari-fla-fla, par Thingum Bob, auteur de l'ode sur l'Huile de Bob *et* directeur de *la Tortue rageuse.* Cette correction faite, je remis mon écrit sous enveloppe et le renvoyai à *la Buse Savante;* en attendant la réponse, je publiai chaque jour dans mon journal six colonnes de ce qu'on pourrait appeler une étude philosophique et analytique sur le mérite littéraire de *la Buse Savante,* aussi bien que sur le talent personnel du directeur de ladite revue. Au bout d'une semaine, *la Buse Savante* découvrit qu'elle avait, par suite d'une erreur étrange, « confondu un stupide article intitulé Tradéri-déri-déra, composé par un niais inconnu, avec une perle portant un titre assez analogue, œuvre de Thingum Bob, esquire, le célèbre auteur de l'*Huile de Bob.* » Le rédacteur regrettait une méprise fort naturelle et promettait, en outre, d'insérer dans sa prochaine livraison l'œuvre authentique du jeune et déjà renommé poëte.

Le fait est que je pensai,—je pensai en toute sincérité,—je le pensai alors et n'ai aucun motif pour penser autrement aujourd'hui—que *la Buse Savante* s'était vraiment trompée. Je n'ai connu personne qui commît des méprises aussi nombreuses et aussi singulières que *la Buse Savante*.

A dater de ce jour, je la pris en amitié ; aussi ne tardai-je pas à discerner, jusque dans leurs dernières nuances, les excellentes qualités littéraires de cette feuille, et je ne manquai pas d'en parler longuement dans *la Tortue*, chaque fois qu'il se présentait une occasion favorable. Et par une curieuse coïncidence, par une de ces rencontres extraordinaires qui nous inspirent de sérieuses réflexions, un revirement d'opinion tout semblable, un *bouleversement* tout analogue (comme on dit en France), un *antipodisme* tout pareil (s'il m'est permis de me servir d'une image assez expressive des Indiens Choctaws) à celui qui venait de s'opérer, de part et d'autre, dans mes opinions et celles de *la Buse Savante*, vint fort peu de temps après et dans des circonstances identiques, établir une vive sympathie entre moi et *le Braillard*, entre moi et *le Nasillard*.

Ce n'est qu'à dater de ce jour que je puis me vanter d'avoir réellement commencé cette carrière brillante et accidentée qui m'a rendu illustre et qui me permet aujourd'hui, de dire, avec Chateaubriand : « J'ai fait l'histoire. »

Oui, j'ai fait l'histoire. Depuis la glorieuse époque dont je parle, mes actions, mes ouvrages

14.

appartiennent à l'humanité. Le monde entier les connaît par cœur. Il serait donc oiseux de raconter comment j'héritai du *Sucre d'orge*, — comment je fondis ce journal dans *le Nasillard*, — comment j'achetai *le Braillard*, fusionnant ainsi trois revues ; — comment enfin, après avoir conclu un marché qui me rendit propriétaire du seul rival resté debout, j'unis toute la littérature du pays dans un splendide *magazine* connu dans l'univers sous ce titre :

LE BRAILLARD
LE SUCRE D'ORGE, LE NASILLARD
et
LA BUSE SAVANTE

Certes, j'ai fait l'histoire. Ma renommée est cosmopolite. Elle s'étend jusqu'aux coins les plus reculés du globe. Vous ne sauriez mettre la main sur un journal quotidien qui ne contienne quelque allusion à l'immortel Thingum Bob. M. Thingum Bob a dit ceci, M. Thingum Bob a écrit cela, M. Thingum Bob a fait telle chose. Mais je suis modeste et je meurs plein d'humilité. Qu'est-ce, après tout, que cet ineffable *je ne sais quoi* que les hommes s'obstinent à baptiser du nom de génie ? D'accord avec Buffon, — avec Hogarth, je crois que ce n'est pas autre chose qu'une grande activité.

Regardez-moi ! — ai-je assez travaillé, ai-je assez écrit ! Grands dieux, que n'ai-je *pas* écrit ! « Prendre ses aises, » voilà une phrase dont j'ignorais le sens. Le jour, je ne quittais pas mon pupitre, et la nuit, pâle étudiant, l'huile des longues veilles brûlait pour moi. C'est alors qu'il aurait fallu me voir, — ah, oui ! Je m'inclinais à droite, je m'inclinais à gauche, je me penchais en avant, je me penchais en arrière, j'effleurais à peine ma chaise, je me tenais *tête baissée* (comme disent les Kickapoos), tandis que mon visage effleurait la page d'albâtre. Et toujours, toujours j'*écrivais*. Dans la joie comme dans la douleur, j'*écrivais*. En dépit de la faim, en dépit de la soif, j'*écrivais*. Que le soleil ou la lune éclairât l'horizon, j'*écrivais*. Quant aux sujets que j'ai traités, il n'est pas besoin d'en parler. Le style, voilà l'essentiel. Le mien me vient de Groscharlatan — dzing ! boum ! — et vous en avez un échantillon sous les yeux.

XI

POLITIEN

SCÈNES D'UN DRAME INÉDIT[1]

I

Rome. La salle d'honneur d'un palais.

ALESSANDRA et CASTIGLIONE.

ALESSANDRA.

Tu es triste, Castiglione.

CASTIGLIONE.

Triste ? non pas. Je suis l'homme le plus heu-

---

[1] C'est à titre de curiosité littéraire que je traduis cette œuvre de jeunesse du célèbre conteur. Au dire d'Edgar Poe, le seul drame intéressant qu'ait écrit une plume améri-

reux, le plus heureux de Rome ! Quelques jours encore, tu le sais, mon Alessandra, tu seras à moi. Oh ! je suis très-heureux !

ALESSANDRA.

Tu as, ce me semble, une singulière façon de prouver ton bonheur. Qu'as-tu donc, ô cousin, mon ami ? Pourquoi ce profond soupir ?

CASTIGLIONE.

Ai-je soupiré ? C'est sans m'en douter. C'est une habitude, une sotte, fort sotte habitude que j'ai, lorsque je me sens très-heureux. Ai-je donc soupiré ?

Il soupire.

ALESSANDRA.

Oui. Tu ne te portes pas bien. Tu as mené une vie trop dissipée ces temps derniers, et j'en suis

---

caine est *Tortesa l'usurier* de N. P. Willis, « qui a mis en scène *des personnages impossibles*, et base son intrigue sur *un tissu d'absurdités.* » (*Works of E. A. Poe*, vol. III, p. 33.) Il me semble que s'il eût lui-même tourné son attention vers le théâtre, il aurait pu combler la lacune qu'il a signalée, — quitte à faire, comme Mat Lewis (surnommé Lewis le Moine), des pièces assez terribles pour mettre en fuite les spectateurs effrayés. Ce n'est pas que l'élément terrible dont Poe a peut-être abusé plus tard domine dans ces pages ; mais, si je ne me trompe, elles montrent en fleur des qualités qui font penser à un Alfred de Musset cherchant sa voie. (*Note du traducteur.*)

affligée. Les veillées et le vin, Castiglione, voilà ce qui te perdra ! Tu es déjà changé, —je te trouve l'air hagard : rien ne ruine la santé comme les veillées et le vin.

CASTIGLIONE, rêveur.

Rien, chère cousine,—rien, pas même le chagrin, ne détruit la santé comme les veillées et le vin. Je me corrigerai.

ALESSANDRA.

Ne te contente pas de promettre ! Je voudrais aussi te voir renoncer à la société turbulente qui t'attire ;—des gens de basse naissance ne sont pas les compagnons qui conviennent à l'héritier du vieux di Broglio et au fiancé d'Alessandra.

CASTIGLIONE.

Je cesserai de les voir.

ALESSANDRA.

Je le veux,—il le faut. Et puis, soigne davantage ta mise et ton équipage, trop simples pour une personne de ton nom et de ton rang : le monde attache beaucoup d'importance aux apparences.

CASTIGLIONE.

J'y aviserai.

ALESSANDRA.

N'y manque pas ! Donne plus d'attention, cousin, à la distinction de ton maintien : tu manques grandement de dignité.

CASTIGLIONE.

Grandement,—grandement.—Oh ! je suis loin d'avoir la dignité qu'il faudrait.

ALESSANDRA, avec hauteur.

Vous me raillez, monsieur ?

CASTIGLIONE, distrait.

Chère, douce Lalage !

ALESSANDRA.

Ai-je bien entendu ? Tandis que je lui parle, il songe à Lalage... Comte ?

Elle pose la main sur l'épaule de Castiglione.

CASTIGLIONE, tressaillant.

Cousine, belle cousine !—Pardonne-moi.—En vérité, je ne sais ce que j'ai.—Ote la main de mon épaule, s'il te plaît. La chaleur est étouffante ! Ah ! voici le duc.

Di Broglio paraît.

DI BROGLIO.

Mon fils, j'ai des nouvelles pour vous !—Eh !

qu'y a-t-il donc? Il observe Alessandra. Une bouderie? Embrassez-la, Castiglione! Embrassez-la sur-le-champ, mauvais sujet! Allons, qu'on se raccommode sur l'heure, vous dis-je. Je vous apporte une nouvelle à tous les deux. D'un moment à l'autre, Politien est attendu à Rome.—Politien, comte de Leicester! Nous l'aurons à la noce. C'est sa première visite à la ville éternelle.

ALESSANDRA.

Quoi! Politien de Bretagne, comte de Leicester?

DI BROGLIO.

Lui-même, mon amour. Nous l'aurons à la noce. Un homme encore jeune d'années, mais dont la réputation grisonne déjà. Je ne l'ai jamais vu; mais la Renommée parle de lui comme d'un prodige,—d'un parangon de savoir et de courage, d'opulence et de noblesse. Nous l'aurons à la noce.

ALESSANDRA.

J'ai beaucoup entendu parler de lui. Gai, volage, étourdi, n'est-ce pas? et peu adonné à l'étude?

DI BROGLIO.

Au contraire, ma chérie. Il n'est aucune branche de la philosophie, quelque ardue qu'elle semble, dont il ne se soit rendu maître ; peu de docteurs en savent autant que lui.

ALESSANDRA.

C'est étrange ! J'ai connu des gens qui l'ont vu et ont recherché sa société ; ceux-là le donnent pour un écervelé qui s'est plongé dans la vie comme un fou, vidant jusqu'à la lie la coupe du plaisir.

CASTIGLIONE.

Sornettes ! Moi, *j'ai vu* ce Politien et je le connais bien.—Il n'est ni gai ni savant.—C'est un rêveur qui ignore les communes passions.

DI BROGLIO.

Enfants, nous différons d'avis. Allons au dehors respirer l'air embaumé du jardin... Ai-je donc rêvé ou ai-je entendu dire que Politien est un songeur mélancolique ?

II

Rome. La chambre d'une dame, avec une croisée ouverte donnant sur un jardin. LALAGE, en grand deuil, lit devant une table qui porte quelques livres et un petit miroir. Au second plan, JACINTA (une servante) se tient accoudée sur le dos d'un fauteuil [1].

LALAGE.

C'est toi, Jacinta ?

JACINTA, d'un ton peu respectueux.

Oui, madame, c'est moi.

LALAGE.

Je ne te savais pas là. Assieds-toi. Que ma présence ne te gêne pas. Assieds-toi, car je suis devenue humble,—très-humble.

---

[1] Dans l'*Étudiant espagnol* de Longfellow, l'héroïne éplorée est assise devant une table où elle lit à haute voix des vers qui ont trait à sa situation, s'interrompant par trois fois pour appeler une servante qui ne répond pas. Poe, qui voyait partout des plagiaires (il prétend quelque part qu'Eugène Sue a pris dans l'*Assassinat de la rue de la Morgue* l'idée de *Gringalet* et *Coupe-en-Deux* des *Mystères de Paris*), n'a pas manqué l'occasion d'accuser son compatriote ; l'accusation, fondée ou non, est plus spécieuse que la plupart de celles qu'a formulées notre auteur. (*Note du traducteur.*)

JACINTA, à part.

Il est grand temps. (Elle s'assoit de côté sur le fauteuil, les coudes appuyés sur le dos du siége, et contemple sa maîtresse d'un air de mépris. Lalage reprend sa lecture.)

LALAGE.

« Sous un autre climat, dit-il, cette plante porte une brillante fleur d'or ; mais dans ce sol elle reste stérile. Elle s'arrête, tourne plusieurs feuillets et continue. Ici, plus de longs hivers, plus de neige, plus d'averses ; l'Océan, pour rafraîchir le front de l'homme, lui envoie l'âpre haleine des brises occidentales. » Ah ! beau climat ! — climat charmant, si semblable au ciel que mon âme a rêvé ! Terre fortunée ! Elle s'interrompt. Elle mourut ! — la jeune fille mourut. O jeune fille plus fortunée encore, que la mort a bien voulu prendre !... Jacinta ? Jacinta ne répond pas. Lalage continue sa lecture. Encore ! on raconte la même histoire d'une dame de beauté née au delà des mers. Ainsi parle un certain Ferdinand, dans le texte d'un drame : « Elle est morte trop jeune, » et un nommé Bossola répond : « Je pense autrement ; son infortune semble avoir vécu trop d'années. » Ah ! pauvre femme !... Jacinta ? Pas de réponse. Voici une histoire autrement lugubre, mais semblable, — oh ! bien semblable, dans son désespoir, à celle de cette reine d'Egypte qui captiva sans peine un millier de cœurs et finit par perdre le sien. Elle meurt aussi, et ses suivantes se penchent sur elle et pleurent;—deux douces suivantes, baptisées de doux noms : *Eiros* et *Charmion* [1] ! Arc-en-ciel et Colombe !—Jacinta ?

JACINTA, avec mauvaise humeur.

Que désirez-vous, madame ?

LALAGE.

Veux-tu, bonne Jacinta, descendre à la bibliothèque et me rapporter les saints Evangiles ?

JACINTA.

Bah !
(Elle sort.)

LALAGE.

S'il est un baume de Judée pour les âmes froissées, c'est là qu'on le trouve ! C'est là que je découvrirai une rosée, dans la nuit de mon chagrin amer,—«une rosée bien plus douce que celle qu'on voit suspendue comme une chaîne de perles sur le mont Hermon. »

Jacinta rentre et jette un volume sur la table.

---

[1] Plutarque et Shakspeare orthographient autrement les noms des suivantes de Cléopâtre : Charmian et Iras.
(*Note du traducteur.*)

JACINTA.

Voilà le livre, madame... *A part.* Ma foi, elle est bien exigeante !

LALAGE, étonnée.

Que dis-tu, Jacinta? Ai-je rien fait qui t'ait chagrinée ou blessée?—J'en serais fâchée, car tu me sers depuis longtemps et je t'ai toujours trouvée digne de confiance et respectueuse.

JACINTA, à part.

Je ne pense pas qu'il lui reste un seul bijou ; non, non, elle m'a tout donné.

LALAGE.

Que dis-tu, Jacinta? Il me souvient que tu ne m'as point parlé récemment de ton mariage. Comment va le brave Hugo?—et quand aura lieu la noce? Puis-je t'être bonne à quelque chose? Que pourrais-je *encore* faire pour toi?

JACINTA, à part.

Encore? C'est un reproche à mon adresse. *Haut.* Vraiment, madame, ce n'est pas la peine de me jeter sans cesse ces bijoux à la face.

LALAGE.

Ces bijoux, Jacinta? Crois-moi, je n'y songeais pas.

JACINTA.

Oh non! Mais j'aurais bien juré le contraire. Après tout, voilà Hugo qui soutient que les diamants de la bague sont faux ; car il est certain que le comte Castiglione n'aurait jamais donné un vrai diamant à une femme comme vous ; dans tous les cas, je suis sûre, madame, que désormais vous n'avez que faire de bijoux... Oui, j'aurais bien juré le contraire.
Elle sort.

LALAGE fond en larmes et penche, la tête sur la table; après un moment de silence, elle se redresse.

Pauvre Lalage, devais-tu tomber si bas? Ta servante!—Mais courage!—ce n'est qu'une vipère que tu as réchauffée dans ton sein et qui te mord le cœur ! Elle prend le miroir. Ah ! il me reste au moins un ami,—un ami qui m'a trop flattée autrefois,—un ami qui ne me trompera plus. Miroir sans tache et sincère ! Conte-moi (car tu le peux) une histoire,—une jolie histoire, et n'hésite point parce qu'elle sera remplie de douleur. Il me répond. Il me parle d'yeux caves, de joues creuses et de beauté depuis longtemps disparue ; il me rappelle les joies trépassées, et l'Espoir,—le séraphin Espoir, dont les cendres, renfermées dans l'urne sépulcrale, reposent au fond d'un caveau. D'une voix basse, triste et solennelle, mais que je n'entends que trop bien, il me parle à l'oreille d'une tombe prématurée, dont la bouche béante appelle une jeunesse perdue. Miroir sans tache et sincère, tu ne mens pas! un mensonge ne te rapporterait rien,—tu ne tiens pas à briser un cœur! Castiglione a menti qui a juré qu'il m'aimait.—Toi, tu dis la vérité;—lui, il m'a trompée, trompée, trompée!

Tandis qu'elle parle, un moine entre et s'approche sans qu'elle l'ait aperçu.

LE MOINE.

Il te reste un refuge, ma sœur, dans le ciel! Songe aux choses éternelles! Donne ton âme au repentir et prie!

LALAGE, se levant effrayée.

Je ne puis prier!—Mon âme est en guerre avec Dieu! L'horrible musique des plaisirs terrestres trouble mes sens. Laissez-moi, je ne puis prier! La brise embaumée du jardin m'importune! Votre présence me tourmente.—Éloignez-vous! Votre robe monacale me remplit d'effroi. Votre crucifix d'ivoire me glace d'épouvante!

LE MOINE.

Songe à ton âme éternelle!

LALAGE.

Songez aux jours de mon enfance ! — à mon père et à ma mère qui sont au ciel ! — à notre tranquille foyer et au ruisseau qui chantait devant la porte ! Songez à mes petites sœurs, songez à elles ! Et songez aussi à moi, à mon amour crédule et à ma confiance, — à *ses* serments, — à mon déshonneur ! Songez, songez à mon angoisse indicible ! Éloignez-vous ! — Mais non, non ! Que disiez-vous de prières et de pénitence ? N'avez-vous point parlé de foi, de vœux prononcés au pied du Trône ?

LE MOINE.

Oui.

LALAGE.

C'est bien. Je sais un vœu qu'il serait bon de faire, — un vœu sacré, impérieux, urgent, — un vœu solennel !

LE MOINE.

Ma sœur, ce zèle est louable !

LALAGE.

Mon père, ce zèle n'est rien moins que louable ! As-tu un crucifix sur lequel on puisse prêter un pareil serment, — un crucifix sur lequel enregistrer ce vœu sacré ? Le moine offre le sien. Non, pas celui-là ! Oh !

non, non, non ! <small>Elle frissonne.</small> Non, pas celui-là, non pas ! Je te dis, saint homme, que ton costume et ta croix d'ivoire m'épouvantent ! Arrière ! J'ai moi-même un crucifix,—j'ai un crucifix ! A mon avis, il doit y avoir accord entre l'action,—entre le vœu, symbole de l'action, — et le livre où on l'inscrit. <small>Elle tire un poignard dont le manche figure une croix et le lève vers le ciel.</small> Tenez, c'est avec cette croix qu'un vœu comme le mien doit s'écrire dans le ciel.

LE MOINE.

Ma sœur, tes paroles sont celles de la folie et annoncent un projet sacrilége ; tes lèvres sont livides, tes yeux égarés ; ne tente pas la colère divine ! Arrête, avant qu'il soit trop tard ! Sois moins téméraire ! Ne prononce pas ce serment ! garde-toi de le prononcer !

LALAGE.

J'ai juré !

III

Un appartement dans un palais.

POLITIEN et BALDAZZAR

BALDAZZAR.

Secoue ta torpeur, Politien ! Il ne faut pas,—non, il ne faut pas que tu cèdes à ces humeurs ; redeviens toi-même ! Chasse ces vaines rêveries qui t'assaillent et vis, car en ce moment tu es mort.

POLITIEN.

Tu te trompes, Baldazzar, je suis bien vivant.

BALDAZZAR.

Politien, cela m'afflige de te voir ainsi.

POLITIEN.

Cela m'afflige de fournir un motif de chagrin à l'ami que j'honore. Ordonne ! Que faut-il que je fasse ? A ta requête, je me débarrasserai de cette nature que m'ont transmise mes ancêtres, dont je me suis imbu avec le lait de ma mère, et je ne serai plus Politien, mais un autre[1] ! Ordonne !

---

[1] Comme tous les grands écrivains, Edgar Poe prête

BALDAZZAR.

Au champ d'honneur, alors, — au sénat ou au champ d'honneur !

POLITIEN.

Hélas ! il est un démon qui me poursuivrait jusque-là ! Il est un démon qui *m'a* poursuivi jusque-là ! Il est... D'où vient cette voix ?

BALDAZZAR.

Je n'ai rien entendu. Je n'ai entendu d'autre voix que la tienne et l'écho de la tienne.

POLITIEN.

Je n'ai donc fait que rêver.

BALDAZZAR.

N'abandonne pas ton âme aux rêves : les camps, la cour sont le théâtre qui te convient. — La Renommée t'attend, — la Gloire t'appelle, et tu évites de prêter l'oreille à sa voix de trompette pour écouter des sons imaginaires, un murmure de fantôme.

---

aux personnages qu'il met en scène ses sensations et ses sentiments personnels. — N'a-t-il pas dû plus d'une fois adresser une réponse semblable aux amis qui lui reprochaient les excès auxquels le portait son tempérament ?

(*Note du traducteur.*)

POLITIEN.

C'est donc la voix d'un fantôme ! Ne viens-tu pas de l'entendre ?

BALDAZZAR.

Je n'ai rien entendu.

POLITIEN.

Tu n'as rien entendu !... Baldazzar, ne parle plus à Politien de tes camps et de tes cours. Oh ! je suis las, las, las à en mourir, des bruyantes vanités de ce monde encombré ! Aie encore un peu d'indulgence pour moi. Nous avons été enfants ensemble, —puis camarades d'étude et aujourd'hui nous sommes amis, — et pourtant nous ne le serons plus longtemps ; car dans la ville éternelle tu me rendras un bon et compatissant service, et un pouvoir auguste, bienveillant, suprême, t'absoudra ensuite de tout nouveau devoir envers ton ami.

BALDAZZAR.

Tes paroles cachent une terrible énigme que *je ne veux pas* comprendre.

POLITIEN.

Mais tandis que le Sort s'avance et que les Heures retiennent leur haleine, le sable que verse le Temps se change en grains d'or et m'éblouit, Baldazzar. Hélas ! hélas ! je ne puis mourir, sentant au fond de mon cœur cet amour passionné du beau qui le consume ! Il me semble que l'air embaumé devient plus caressant qu'autrefois ; de riches mélodies flottent dans la brise, un charme inconnu décore la terre, et la lune tranquille, qui siége là-haut dans le ciel, envoie des rayons plus purs.—Chut ! chut ! Diras-tu que tu n'entends rien, cette fois ?

BALDAZZAR.

Rien, en vérité.

POLITIEN.

Rien ! Écoute maintenant, — écoute ! Le son le plus faible, mais aussi le plus doux qui ait jamais ravi l'oreille ! Une voix de femme ! et qui respire la douleur. Baldazzar, ce chant m'oppresse comme un sortilége ! Encore, encore ! Avec quelle solennité elle pénètre au plus profond de mon âme ! Certes, cette voix éloquente, je l'entends pour la première fois : que ne m'a-t-elle seulement fait tressaillir plus tôt ! — mon sort eût été changé !

BALDAZZAR.

Je l'entends à mon tour. Silence ! — La voix, à moins que je ne me trompe, vient de cette croisée que tu peux apercevoir sans peine de celle où tu te tiens. Elle fait partie, n'est-il pas vrai ? — du palais de notre hôte, le duc. Sans aucun doute, la chanteuse habite sous le toit de Son Excellence ; peut-être même est-ce cette Alessandra dont il nous a parlé comme étant la fiancée de Castiglione, son fils et son héritier.

POLITIEN.

Paix ! — Le chant recommence !

LA VOIX, qu'on entend à peine.

Et ton cœur est-il assez fort
Pour m'abandonner ainsi,
Moi qui t'aimai si longtemps
Dans la fortune comme dans la peine ?
Ah ! ton cœur est-il assez fort ?
Dis *non !* Dis *non !*

BALDAZZAR.

C'est une ballade d'outre-Manche ; je l'ai souvent entendue dans la joyeuse Angleterre, mais jamais chantée par une voix aussi plaintive. Chut, chut ! Elle recommence.

LA VOIX, un peu plus haut.

. . . . . . Est-il assez fort
Pour m'abandonner ainsi,
Moi qui t'aimai si longtemps
Dans la fortune comme dans la peine

Ah ! ton cœur est-il assez fort ?
Dis *non !* Dis *non !*

BALDAZZAR.

Elle se tait,—tout est retombé dans le silence.

POLITIEN.

Non, *tout n'est pas* retombé dans le silence.

BALDAZZAR.

Descendons.

POLITIEN.

Descends, Baldazzar, descends !

BALDAZZAR.

Il se fait tard et le duc nous attend,—on compte sur ta présence en bas, dans la salle d'honneur. Qu'as-tu donc, Politien ?

LA VOIX, très-distinctement.

. . . Qui t'aimai si longtemps
Dans la fortune comme dans la peine ?
Ah ! ton cœur est-il assez fort ?
Dis *non !* Dis *non !*

BALDAZZAR.

Descendons ! Il est temps. Politien, laisse le vent

emporter ces rêveries. Souviens-toi, je te prie, que tu t'es montré peu courtois envers le duc. Secoue ta torpeur et souviens-toi !

POLITIEN.

Me souvenir ? Oui, oui. Indique-moi le chemin. Oui, je me souviens. Il fait quelques pas. Descendons. Crois-moi, je donnerais, — je donnerais volontiers les vastes domaines de mon comté pour contempler ce visage voilé et entendre encore cette voix qui se tait.

BALDAZZAR.

Je t'en prie encore, descends avec moi ; le duc pourrait s'offenser. Descendons.

LA VOIX, très-haut.

. . . Dis *non !* Dis *non !*

POLITIEN, à part.

C'est étrange ! — c'est bien étrange ! Il me semble que la voix s'accorde avec mon désir et m'invite à refuser ! Se rapprochant de la croisée. Douce voix, je t'obéis et me décide à rester. Par le ciel, que ce soit un ordre du Caprice ou de la Destinée, je ne descendrai toujours point ! Baldazzar, mes excuses au duc : je ne puis le rejoindre ce soir.

BALDAZZAR.

Il en sera fait selon ton bon plaisir. Bonne nuit, Politien.

POLITIEN.

Bonne nuit, mon ami, bonne nuit.

IV

Le jardin d'un palais. Clair de lune.

LALAGE et POLITIEN.

LALAGE.

Et c'est *à moi* que tu parles d'amour, Politien? — Tu parles d'amour à Lalage? — Ah ! malheur à moi ! La raillerie est cruelle, par trop cruelle !

POLITIEN.

Ne pleure point ! Ne sanglote pas ainsi ! tes larmes amères me rendront fou. Ne t'afflige pas, Lalage, — console-toi ! Je sais, — je sais tout et je ne t'en parle pas moins d'amour. Regarde-moi, ô brillante et belle Lalage ! lève les yeux sur moi. Tu me demandes si je puis te parler d'amour, sachant ce que je sais, ayant vu ce que j'ai vu? C'est là ce que tu me demandes, et voici ma réponse : — Je te réponds en ployant le genou : *il s'agenouille.*— Chère Lalage, *je t'aime, je t'aime, je t'aime !* Innocente ou pécheresse,—heureuse ou malheureuse, je t'aime ! Pas une mère, berçant son premier-né, ne tressaille d'un amour plus profond que celui qui brûle pour toi dans mon âme. *Si je t'aime ?* Il se relève. Je t'aime pour tes malheurs, — pour tes malheurs mêmes,—pour ta beauté et tes malheurs.

LALAGE.

Hélas ! noble comte, tu t'oublies en songeant à moi ! Dans la demeure de ton père, au milieu des jeunes filles pures et sans reproche de ta lignée princière, où trouver une place pour Lalage et son déshonneur ? Ton épouse, malgré la souillure du passé ? Mon nom taché et flétri ne jurerait-il pas avec l'antique honneur de ta maison, avec ta gloire ?

POLITIEN.

Ne me parle pas de gloire ! Je hais,—je déteste jusqu'au mot et j'abhorre la chose, — une ombre qui n'a rassasié personne ! N'es-tu point Lalage et ne suis-je pas Politien? Ne t'aimé-je pas ? — N'es-tu point belle ? — Que faut-il de plus ? Ah ! la gloire ! — laisse là cette chimère ! Par tout ce qui m'est vénérable et sacré, — par tout ce que je souhaite aujourd'hui, — par tout ce que je crains dans l'avenir, — par tout ce que je méprise sur terre et tout ce que j'espère dans le ciel, — rien ne me donnerait plus d'orgueil que de railler la Renommée et de la fouler aux pieds pour toi ! Qu'importe, qu'importe, ô la plus belle et la mieux aimée, que nous retombions sans honneur et oubliés dans la poussière, pourvu que nous y descendions ensemble ? Ensemble ; et puis... et puis, peut-être...

LALAGE.

Pourquoi donc t'interrompre, Politien ?

POLITIEN.

Et puis, peut-être renaîtrons-nous ensemble, Lalage, pour errer dans les demeures étoilées et tranquilles des bienheureux, et toujours...

LALAGE.

Pourquoi donc t'interrompre, Politien ?

POLITIEN.

Toujours ensemble, ensemble...

LALAGE.

Maintenant, comte de Leicester, *tu m'aimes ;* au fond de mon âme je sens que tu m'aimes vraiment.

POLITIEN.

O Lalage ! *Il se jette à ses pieds.* Et toi, m'aimes-tu ?

LALAGE.

Écoutez ! chut ! A l'ombre de ces arbres, il m'a semblé voir passer une figure, — la figure d'un spectre, solennelle, et lente, et silencieuse, — pareille à l'ombre sévère de la conscience solennelle et silencieuse. *Elle traverse l'allée et revient.* Je me trompais; ce n'était qu'une vaste branche qui se balançait au vent d'automne. Politien !

POLITIEN.

Ma Lalage ! — mon amour ! pourquoi t'émouvoir ainsi ? Pourquoi cette pâleur ? La conscience elle-même, à plus forte raison cette ombre que tu as prise pour elle, ne devrait jamais agiter de la sorte un ferme esprit. Mais le vent du soir donne le frisson, et ces branches mélancoliques répandent sur toute chose des ténèbres tant soit peu lugubres.

LALAGE.

Politien, tu me parles d'amour ? Connais-tu le pays dont s'occupent toutes les langues, une terre récemment découverte, découverte par miracle par un citoyen de Gênes, à des milliers de lieues dans l'Occident doré? La terre féerique des fleurs et des fruits, et des jours ensoleillés, et des lacs limpides, et des forêts en arcades, et des montagnes aux sommets haut perchés, autour desquels le vent se joue sans entrave, — le pays où l'air qu'on respire se nomme le Bonheur et se nommera la Liberté dans des jours à venir?

POLITIEN.

Veux-tu, veux-tu t'enfuir vers ce paradis, ma Lalage? veux-tu t'y enfuir avec moi? Là, le Souci cessera de fleurir, la Tristesse y trouvera la mort et Éros sera tout pour nous, et alors je me sentirai vivre, car je vivrai pour toi et dans tes yeux, et tu ne connaîtras plus le deuil; les Joies radieuses te serviront d'escorte et l'ange Espoir restera ton serviteur assidu; et je m'agenouillerai devant toi et je t'adorerai et t'appellerai ma bien-aimée, mon bien, ma beauté, mon cœur, ma femme, mon univers! Veux-tu, Lalage, t'y enfuir avec moi!

LALAGE.

Il reste un acte à accomplir.—Castiglione vit.

POLITIEN.

Et il mourra!

(Il sort.)

LALAGE, après un moment de silence.

Et il mourra! Hélas! hélas! Castiglione mourra Qui donc a prononcé ces paroles? Où suis-je? Qu'a-t-il dit? — Politien? tu es là? tu es toujours là, Politien? Je sens que tu es encore là, — et pourtant je n'ose regarder, de peur de ne plus te voir. Non, tu ne *pouvais* partir avec ces paroles sur les lèvres! Oh! parle-moi! Fais-moi entendre ta voix, — un mot, un seul, qui m'annonce ta présence, — une simple phrase pour me dire combien tu méprises, combien tu hais ma faiblesse de femme. Ah! ah! Tu n'es point parti. Oh! parle! Je savais que tu ne t'éloignerais pas! Je savais que tu ne voudrais pas, que tu ne pourrais, que tu *n'oserais* t'éloigner ainsi! Malheureux, tu ne réponds pas;—ton silence me raille! et cette main va te saisir! Il est parti,—parti,—parti! Où suis-je? C'est bien, c'est très-bien! Pourvu que la lame soit effilée, — pourvu qu'une main sûre porte le coup. C'est bien, c'est très-bien! — Hélas, hélas!

V

Un faubourg de Rome.

POLITIEN, seul.

Cette faiblesse continue à me gagner. Je sens mes forces s'en aller et crains fort d'être malade. Je ne voudrais pas mourir avant d'avoir vécu! — Retiens, retiens ton bras, ô Azraël, quelques jours encore! — Prince des puissances des Ténèbres et de la Tombe, sois miséricordieux envers moi! Oh! use de miséricorde envers moi! Que je ne périsse pas au moment où va s'épanouir mon espoir emparadisé! Accorde-moi de vivre encore, encore un peu de temps : c'est moi qui demande la vie, — moi, qui, naguère, ne demandais que la mort! — Qu'a répondu le comte?

Baldazzar paraît.

BALDAZZAR.

Ne connaissant aucun motif de querelle ou de haine entre le seigneur Politien et lui, il refuse le cartel.

POLITIEN.

Que dis-tu? Tu m'apportes la réponse, mon bon

Baldazzar?—De quel fardeau de parfums ces buissons chargent le zéphyr! Jamais, à mon avis, œil mortel n'a vu un jour plus beau, plus digne de l'Italie! — Qu'a dit le comte?

BALDAZZAR.

Que lui, Castiglione, en l'absence de toute haine héréditaire et de tout motif de querelle entre ta seigneurie et lui, ne peut accepter ton défi.

POLITIEN.

C'est juste,—très-juste. Dis-moi, Baldazzar, dans la froide et peu sympathique Bretagne, que nous avons si récemment quittée, quand as-tu comtemplé un ciel aussi calme, aussi libre de la souillure malfaisante des nuages?—Il a donc répondu…?

BALDAZZAR.

Rien que les paroles que j'ai répétées : le comte Castiglione ne veut pas se battre, ne voyant aucun motif de querelle.

POLITIEN.

Eh bien, il dit vrai,— très-vrai. Tu es mon ami, Baldazzar, et je ne l'oublie pas : tu vas me rendre un service. Veux-tu retourner auprès de cet homme et lui dire que moi, comte de Leicester, je le tiens pour un misérable?—Voilà ce que je te prie de dire au comte : il n'est que juste qu'il ait une cause de querelle.

BALDAZZAR.

Milord! — mon ami !

POLITIEN, à part.

C'est lui! — il s'approche en personne! Haut. Tu raisonnes à merveille. Je sais ce que tu voudrais conseiller : — de ne pas envoyer le message. Soit, j'y songerai! Je ne l'enverrai pas. Maintenant, je te prie, laisse-moi : quelqu'un se dirige de ce côté avec qui j'ai à régler certaine affaire d'une nature toute personnelle.

BALDAZZAR.

Je te quitte; demain, nous nous retrouverons, — n'est-ce pas? — au Vatican?

POLITIEN.

Au Vatican.

Baldazzar sort, Castiglione paraît.

CASTIGLIONE.

Le comte de Leicester ici.!

POLITIEN.

On me nomme le comte de Leicester, et vous voyez, — je pense, — que je suis ici.

CASTIGLIONE.

Milord, une erreur étrange, — quelque malentendu, — a sans doute surgi entre nous; vous avez été poussé, dans le feu de la colère, à m'adresser par écrit, à moi Castiglione, certaines paroles inexplicables, le porteur étant Baldazzar, comte de Surrey. Je ne sache rien qui ait pu autoriser cette démarche, ne vous ayant jamais offensé. J'ai bien deviné? — C'était une erreur, évidemment?—Nous sommes tous sujets à nous tromper.

POLITIEN.

Dégainez, misérable, et cessons ce bavardage!

CASTIGLIONE.

Ah! dégainez? et misérable? En garde à l'instant, orgueilleux comte! Il tire son épée.

POLITIEN, tirant la sienne.

A une tombe expiatoire, à un sépulcre prématuré, je te voue au nom de Lalage!

CASTIGLIONE.

De Lalage! Il laisse tomber son épée et recule jusqu'à l'autre bout de la scène. Retenez votre main sacrée. — Arrière, vous dis-je! Arrière! Je ne veux pas me battre avec vous, je n'ose!

POLITIEN.

Vous ne voulez pas vous battre, messire comte? Se joue-t-on ainsi de moi? — Allons! — Vous n'osez pas, dites-vous?

CASTIGLIONE.

Je n'ose pas, non, je n'ose pas! — Abaissez votre arme! — Avec ce nom aimé si frais sur vos lèvres, je ne veux pas croiser le fer avec vous; — je ne puis, — je n'ose.

POLITIEN.

Maintenant, par mon salut, je vous crois! Lâche, je vous crois!

CASTIGLIONE.

Ah! — Lâche! C'en est trop! Il saisit son épée et s'avance en chancelant vers Politien; — mais la résolution l'abandonne avant qu'il ait rejoint son adversaire et il tombe aux genoux du comte : Hélas, milord, cela est vrai, trop vrai! Dans une pareille cause, je suis d'une lâcheté insigne. Ayez pitié de moi!

POLITIEN, très-adouci.

Oh! oui, en vérité, je vous plains!

CASTIGLIONE.

Et Lalage...

POLITIEN.

Infâme! — Debout et meurs!

CASTIGLIONE.

Pourquoi me relever? Non, c'est ainsi que je dois mourir, le genou en terre. Il convient que je périsse dans la posture d'une humiliation profonde; car dans un combat, je ne lèverai pas la main sur vous, comte de Leicester. Frappez au cœur! *Il découvre sa poitrine.* Votre lame ne rencontrera pas d'obstacle. — Frappez au cœur! Je ne puis me battre avec vous!

POLITIEN.

Mort et enfer! Je me sens, oh! je me sens terriblement tenté de le prendre au mot! Mais écoutez-moi! Ne croyez pas m'échapper ainsi! Préparez-vous à des insultes publiques, — dans la rue, — aux yeux de tous les citoyens. Je vous suivrai, — je vous suivrai comme une ombre irritée, jusqu'à la mort! Devant ceux que vous aimez, — devant tout Rome, je vous accuserai, misérable; — je vous accuserai, entendez-vous? de lâcheté! Tu ne veux pas te battre *avec moi?* Tu mens! Je t'y forcerai!

Il sort.

CASTIGLIONE.

Ah! voilà qui est mérité, ô ciel équitable et vengeur!

16.

XII

POÉSIES

ULALUME [1]

I

Les cieux étaient gris et calmes, les feuilles racornies et brûlées ;—les feuilles toutes flétries et brûlées ; il faisait nuit dans ce solitaire mois d'octobre de ma plus ténébreuse année ;—c'était près du sombre lac d'Auber,—là-bas près du marais d'Auber, dans les forêts que hantent les vampires, dans le pays boisé de Weir.

---

[1] Edgar Poe composa *Ulalume* peu de temps après la mort de sa femme,—cette douce et poitrinaire Virginie qu'il avait toujours, quoi qu'aient dit ses détracteurs, entourée de soins touchants.

(*Note du traducteur.*)

II

Ce fut là qu'à travers une allée de cyprès titaniens, j'errai un soir avec mon âme—qu'à travers une allée de cyprès j'errai avec Psyché mon âme. C'était au temps où mon cœur volcanique ressemblait aux rivières de scories qui roulent,—aux flots de lave qui roulent leur onde sulfureuse du haut du Yaaneck, dans les climats extrêmes du pôle,—qui gémissent en roulant jusqu'au bas du mont Yaaneck, dans les royaumes du pôle boréal.

III

Nos paroles avaient été sérieuses et calmes ; mais notre pensée restait engourdie et terne,—notre mémoire paraissait engourdie et terne; nous ne savions plus qu'on était en octobre,—nous ne songions pas à la date de cette nuit. (Ah, nuit de toutes les nuits de l'année !) Nous ne remarquions pas le sombre lac d'Auber—(bien qu'une fois déjà nous eussions fait le voyage),—nous ne nous souvenions plus du marais d'Auber, ni des forêts que hantent les vampires, dans le pays boisé de Weir.

IV

Et maintenant, comme la nuit vieillissait et que le cadran des étoiles indiquait le matin,—comme le cadran des étoiles annonçait à peine le matin,—nous vîmes poindre au bout de l'allée une lueur nébuleuse et limpide, d'où sortit avec sa double corne un croissant magique,—le croissant endiamanté d'Astarté, distincte avec sa double corne.

V

Et je dis : « Elle est moins froide que Diane : elle roule à travers un éther de soupirs,—elle se plaît dans une région de soupirs : elle a vu que les larmes ne sèchent pas sur ces joues où le ver se traîne sans mourir,—elle vient au delà des étoiles du Lion nous montrer le chemin vers le ciel, —vers la paix léthéenne du ciel. Elle est venue, en dépit du Lion, faire briller sur nous son regard lumineux;—elle monte à travers le repaire du Lion et l'amour brille dans son regard lumineux. »

VI

Mais Psyché, levant un doigt, dit : « Je me défie grandement de cet astre,—je me défie étrangement de sa pâleur :—oh! hâte-toi! oh! ne nous attardons pas! ah fuyons!—fuyons, il le faut! » Elle parlait avec terreur, laissant retomber ses ailes jusqu'à ce qu'elles traînassent dans la boue;—elle sanglotait avec angoisse, laissant tomber les plumes de ses ailes qui traînèrent dans la boue,—qui traînèrent tristement dans la boue.

VII

Je répondis : « Ce sont là des rêves ; continuons notre route sous cette clarté tremblante! Baignons-nous dans cette pure clarté, dont la splendeur sibylline rayonne d'espérance et de beauté ce soir : Vois! elle monte haut dans le ciel à travers la nuit! Ah, nous pouvons nous fier à sa lueur, convaincus qu'elle nous guidera bien;—nous pouvons sans danger nous fier à sa lueur, qui ne peut que nous mener à bien, puisqu'elle monte si haut dans le ciel à travers la nuit. »

VIII

Je calmai Psyché, puis je l'embrassai ;—je vainquis ses scrupules et ses craintes et nous gagnâmes le bout de l'allée;—mais là, nous fûmes arrêtés par la porte d'une tombe,—par la porte d'une tombe à légende. Et je dis : « Que vois-tu écrit, chère sœur, sur la porte de cette tombe à légende? »—Elle répliqua : « Ulalume—Ulalume;—c'est le caveau de ton Ulalume,—de l'amie que tu as perdue ! »

IX

Alors mon cœur devint froid et calme comme les feuilles racornies et brûlées, comme les feuilles flétries et brûlées ; je criai : « C'est sûrement en octobre, cette même nuit de l'année passée, que je voyageai, que je vins jusqu'ici,—que je portai jusqu'ici un fardeau révéré.—Quel démon a choisi, pour m'y attirer de nouveau, cette nuit parmi toutes les nuits de l'année ! Je reconnais bien maintenant le sombre lac d'Auber,—la forêt que hantent les vampires, dans le pays boisé de Weir ! »

HÉLÈNE

I

Je te vis—une seule fois—il y a des années : je ne dois pas dire combien, mais le nombre n'en est pas grand. C'était en juillet, à minuit; la lune dans son plein, qui, s'élevant comme ton âme, cherchait une route rapide pour monter au ciel, versait avec un voile de lumière soyeuse et argentée la quiétude et le sommeil sur les visages soulevés de mille roses qui croissaient dans un jardin enchanté, où nulle brise n'osait remuer, sinon sur la pointe des pieds [1]; — versait ses rayons sur les visages soulevés des roses, qui, en échange de cette clarté d'amour, exhalaient leurs âmes odorantes dans une mort remplie d'extase;—versait ses rayons sur les visages soulevés des roses, qui souriaient et mouraient dans ce parterre enchanté par toi, par la poésie de ta présence.

[1] *On tip-toe.*

II

Tout de blanc vêtue, sur un banc de gazon semé de violettes, je te vis à demi-couchée; tandis que la lune versait ses rayons sur les visages soulevés des roses et sur le tien, soulevé, hélas! dans l'affliction.

III

Sans doute ce fut le sort qui, ce soir de juillet, à minuit,—sans doute ce fut la Destinée... (elle se nomme aussi la Tristesse...) qui me conseilla de m'arrêter devant la grille du jardin pour respirer l'encens des roses endormies. Rien ne remuait; dans le monde abhorré tout dormait,—hormis toi et moi! (O ciel, ô Dieu, comme mon cœur bat en accouplant ces deux mots: hormis toi et moi.) Je m'arrêtai—je regardai—et en un instant tout disparut. (Ah! rappelez-vous que le jardin était enchanté.) L'éclat de perle de la lune s'éteignit: les bancs de gazon et de mousse, les sentiers en méandres, les fleurs fortunées et les arbres plaintifs, je ne les vis plus: le parfum même des roses mourut entre les bras des brises amoureuses. Tout—tout s'évanouit, — hormis toi — hormis moins que toi: hormis l'âme qui brillait dans ton regard tourné vers le ciel. Je ne vis plus que tes yeux, — pour moi, le monde était là. Je ne vis plus que tes yeux, je ne vis rien que ton regard pendant des heures,—je ne vis plus que tes yeux jusqu'au moment où la lune descendit. Quelles étranges histoires du cœur je lus dans le cristal de ces sphères célestes ! Quelle sombre douleur, mais quel sublime espoir ! Quelle sérénité dans le mutisme de cet océan d'orgueil ! Quelle ambitieuse audace, mais quelle puissance d'amour !

IV

Mais voilà qu'enfin la chère Diane disparut à l'ouest, dans une couche de nuages où sommeillait le tonnerre ; et toi, ainsi qu'un fantôme, t'ensevelissant au milieu des arbres, tu te dérobas au loin. *Tes yeux seuls restèrent. Ils ne voulurent pas s'en aller*[1],—jamais ils ne s'en sont allés. Éclairant cette

---

[1] C'est dans un jardin, à minuit, que l'auteur vit pour la première fois celle qui faillit devenir sa seconde femme, Sarah Helen Whitman, qui, dans un récent ouvrage de peu de valeur (*Edgar Poe and his Critics*, New-York, 1860), a pris la défense du poëte. On sait que Poe rompit ce mariage en se présentant ivre et en faisant un esclandre dans la maison de sa fiancée peu de temps après la publication des bans. En soulignant les deux phrases ci-dessus, a-t-il voulu donner à entendre qu'il faut prendre ses paroles au sérieux ? Dans une horrible nouvelle

nuit-là mon sentier solitaire jusqu'au seuil de ma demeure, ils ne m'ont pas quitté depuis (comme ont fait mes espérances). Ils me suivent,—ils me guident à travers les années. Ils sont mes ministres, et pourtant je reste leur esclave. Ils ont charge d'illuminer et d'embraser,—mon devoir à moi est de profiter de leur vive clarté pour *faire mon salut*,—de me purifier à leur flamme électrique, — de me sanctifier à leur foyer élyséen. Grâce à eux, la Beauté (qui est aussi l'Espoir) remplit mon âme; ils brillent bien haut dans le ciel;—ce sont les étoiles devant lesquelles je m'agenouille dans les tristes et silencieuses veilles de ma nuit; tandis que, même dans l'éclat méridien du jour, je les vois encore,—deux étoiles de Vénus qui scintillent doucement et que le soleil ne peut éteindre.

intitulée Bérénice, il a mis en scène un monomane qui, se passionnant pour *les dents* de sa maîtresse, les revoit sans cesse et finit par les arracher pendant que sa bien-aimée est plongée dans un sommeil cataleptique. Le passage signalé me confirme dans l'opinion que Poe, tempérament nerveux par excellence, n'a souvent fait que reproduire ses sensations maladives. On devine alors par quelles souffrances il a dû acheter son droit de cité parmi les écrivains vraiment originaux. Lorsqu'il composait la nuit, Hoffmann se voyait parfois obligé de réveiller sa femme, dont la présence calmait l'effroi causé par le travail d'un cerveau surexcité; je me figure que ce n'est qu'en tremblant pour l'équilibre de sa propre raison que l'auteur de Bérénice a décrit les hallucinations saisissantes de certains de ses personnages. (*Note du traducteur.*)

EL DORADO

Gaiement accoutré, un galant chevalier avait longtemps voyagé à l'ombre et au soleil, chantant sa chanson et cherchant El Dorado.

Mais il se fit vieux, ce cavalier si brave, et il sentit une ombre tomber sur son cœur, lorsqu'il reconnut qu'aucun coin de la terre ne ressemblait à El Dorado.

Et comme les forces allaient enfin lui manquer, il rencontra une ombre de pèlerin : « Ombre, dit-il, où donc peut-il être, ce pays d'El Dorado ? »

« Par-dessus les montagnes de la Lune, vers la Vallée des Ténèbres, chevauche, chevauche sans crainte, répondit l'Ombre, si tu veux trouver El Dorado. »

LE CORBEAU

I

Un soir, par un triste minuit, tandis que faible et fatigué, j'allais rêvant à plus d'un vieux et bizarre volume d'une science oubliée, tandis que sommeillant à moitié, je laissais pencher ma tête de çà, de là, j'entendis quelqu'un frapper, frapper doucement à la porte de ma chambre. « C'est un visiteur, murmurai-je, qui frappe à la porte de ma chambre—

Ce n'est que cela et rien de plus. »

II

Ah! je m'en souviens comme d'hier;—c'était pendant le froid décembre, et chaque tison isolé dessinait, en expirant, son fantôme sur le parquet. Je souhaitais vivement le jour;—en vain j'avais cherché dans mes rêves l'oubli de mes peines, l'oubli de ma Lénore perdue,—de l'incomparable et rayonnante jeune fille que les anges nomment Lénore

Et qu'ici-bas, on ne nomme plus.

III

Et le bruissement triste, soyeux et incertain de mes rideaux violets me fit tressaillir, — me causa de fantastiques terreurs jamais ressenties jusqu'alors; de sorte que, pour calmer les battements de mon cœur, j'allais me répétant : « C'est quelque visiteur qui veut entrer, quelque tardif visiteur qui veut entrer dans ma chambre—

Un visiteur et rien de plus. »

IV

Enfin mon âme reprit courage ; sans plus hésiter : « Monsieur, dis-je, ou bien Madame, je vous demande mille pardons ; mais le fait est que je sommeillais, et vous avez frappé si doucement, vous avez frappé, frappé si faiblement à la porte ma chambre, que c'est à peine si je suis sûr d'avoir bien entendu. » A ces mots, j'ouvris la porte toute grande...

L'obscurité et rien de plus!

V

Le regard plongé dans les ténèbres, je restai là, surpris, effrayé, plein de doutes, rêvant ce que jamais mortel n'avait osé rêver auparavant ; mais rien n'interrompit le silence, pas un bruit révélateur, sauf un seul mot dit à voix basse, le mot : « Lénore ? » J'avais murmuré ce mot,—l'écho en murmurant me renvoya le mot « Lénore ! »—

Ce seul mot, pas un de plus.

VI

Rentrant dans la chambre, l'âme en feu, bientôt j'entendis frapper un peu plus fort qu'auparavant. « Bien sûr, me dis-je, on a frappé au volet de ma fenêtre. Voyons ce que c'est, explorons ce mystère ;—calme-toi un moment, mon cœur, que j'éclaircisse ce mystère.—

C'est le vent et rien de plus. »

VII

Ici, je poussai le volet, — alors entra chez moi, avec maint frémissement et maint battement d'ailes, un superbe corbeau, un corbeau des temps bibliques. Il ne m'adressa pas le plus léger salut; sans s'arrêter ni hésiter un seul instant, mais avec un air de grand seigneur ou de grande dame, il alla se percher sur la porte de ma chambre, — se percher sur un buste de Pallas, juste au-dessus de la porte de ma chambre, —

S'y percha, s'y installa et rien de plus.

VIII

Alors, comme l'oiseau d'ébène amusait ma peine et me faisait sourire par le roide et grave décorum de la contenance qu'il gardait: « Malgré ta tête chauve et déplumée, toi, lui dis-je, tu n'as pas l'air d'un poltron, ô maigre, sombre et vénérable corbeau, échappé des rives de la Nuit. Peut-on savoir de quel nom on t'honore sur la rive plutonienne? »

« Jamais! » répliqua le corbeau, « Jamais plus! »

IX

Je fus grandement émerveillé d'entendre ce disgracieux volatile parler aussi clairement, bien que sa réponse eût peu de sens et bien peu d'à-propos; —car, il faut en convenir, jamais mortel ne fut assez heureux pour voir un oiseau de cette espèce s'installer au-dessus de sa porte, — un oiseau ou tout autre animal se percher sur le buste sculpté au-dessus de sa porte,

Et répondre au nom « Jamais plus ! »

X

Mais le corbeau, montant sa garde solitaire sur le buste aux traits placides, ne prononça que ce seul mot, comme s'il y eût épanché son âme tout entière. Il ne dit pas autre chose, pas une de ses plumes ne s'agita. Mais comme je venais à peine de murmurer : « Bien des amis ont pris leur vol, —demain, lui aussi s'en ira par le chemin qu'ont pris mes espérances ! »

L'oiseau répéta : « Jamais plus ! »

XI

A cette réponse si opportune qui venait rompre le silence, je me sentis tressaillir de nouveau. «Sans doute, me dis-je, sans doute il me débite la somme de son savoir ; c'est l'élève de quelque maître infortuné que le malheur impitoyable a poursuivi sans relâche, jusqu'à ce que ses chansons n'eussent plus qu'un seul refrain,— jusqu'à ce que le glas de ses espérances ne sonnât plus qu'un sinistre refrain :

« Jamais ! Jamais plus ! »

XII

Comme le corbeau amusait ma peine et m'arrachait un sourire, je roulai soudain mon fauteuil en face de l'oiseau, du buste et de la porte. M'enfonçant dans le velours, je me mis à enchaîner une pensée à l'autre, me demandant ce que cet oiseau des temps bibliques, cet oiseau de présage, ce corbeau sombre, disgracieux, maigre et de mauvais augure, voulait dire en croassant ainsi :

« Jamais ! Jamais plus »

XIII

Cherchant à sonder ce mystère, mais sans adresser une syllabe à l'oiseau, dont le regard de feu me consumait le cœur,—tout occupé de ce rêve et de bien d'autres; je m'allongeai, la tête doucement reposée sur le coussin de velours où tombaient les rayons de ma lampe, sur le coussin de velours violet qu'éclairaient les rayons de ma lampe,

Mais qu'*Elle* ne pressera jamais plus.

XIV

Alors je crus sentir dans l'air plus dense les parfums d'un invisible encensoir, balancé par des Séraphins dont les pas tombaient avec un bruit métallique sur le parquet tapissé [1]. « Infortuné, m'écriai-je, ton Dieu t'annonce un peu de répit;— par ces messagers, ton Dieu t'envoie du répit et l'oubli des souvenirs de ta Lénore. Bois, oh! bois ce doux népenthès et cesse de pleurer ta Lénore.»

Le corbeau répéta : « Jamais plus! »

[1] *Whose foot-falls tinkled on the tufted floor.*

XV

« Prophète, m'écriai-je, hôte de malheur ! Oiseau ou démon, prophète pourtant sous forme d'oiseau, que tu sois un envoyé du Tentateur, ou que la tempête te pousse, tourmenté mais non effrayé, vers ma solitude ensorcelée,—vers mon foyer hanté par les Terreurs, n'importe !—Dis-moi franchement, je t'implore, — est-il un baume pour ma souffrance ! Réponds, réponds, je t'en supplie. »

Le corbeau répéta : « Jamais plus ! »

XVI

« Prophète, redis-je, hôte de malheur ! Oiseau ou démon, prophète pourtant sous forme d'oiseau ! Par le ciel arrondi sur nos têtes, par le Dieu que tous deux nous adorons, dis à mon âme accablée de douleur si, dans un lointain Éden, elle reverra une sainte jeune fille, une incomparable et rayonnante jeune fille que les anges nomment Lénore. »

Le corbeau répondit : « Jamais plus ! »

XVII

« Que ce mot soit le signal de ton départ, oiseau ou démon ! criai-je en me redressant d'un bond. Reprends ton vol à travers l'orage, regagne la rive plutonienne ! Ne laisse pas ici une plume noire pour me rappeler le mensonge que tu viens de proférer ! Abandonne-moi à ma solitude, quitte ce buste au-dessus de ma porte ; retire ton bec de mon cœur, retire ton spectre de mon seuil. »

Le corbeau répéta : « Jamais plus ! »

XVIII

Et le corbeau, immobile, demeure perché, toujours perché sur le buste blanc de Pallas, juste au-dessus de ma porte ; son regard est celui d'un démon qui rêve, et la lumière de la lampe, qui l'inonde, dessine son ombre sur le parquet ; de cette ombre qui tremble sur le parquet, mon âme

Ne sortira jamais plus !

A

Naguère, l'auteur de ces rimes, dans la folie de son orgueil intellectuel, soutenait « le pouvoir des mots [1] »,—niait que le cerveau humain pût concevoir une pensée que la langue humaine ne soit capable d'exprimer : et aujourd'hui, comme pour railler cette vanterie, deux mots,—deux mélodieux dissyllabes étrangers,—notes italiennes faites seulement pour être murmurées par les anges qui rêvent sous les rayons de la lune et dans « la rosée suspendue comme une chaîne de perles sur le mont Hermon, » ont remué au fond de l'abîme de son cœur des pensées peu semblables à des pensées, et qui sont l'âme de la pensée,—des visions trop splendides, bien trop fantastiques, bien trop divines pour que le séraphique harpiste lui-même, Israfel [2] « qui possède une voix plus douce que toute autre créature de Dieu, » puisse espérer rien chanter de pareil! Et moi, mes talismans sont brisés! La plume impuissante tombe de ma main

---

[1] Poe a laissé une nouvelle qui porte ce titre.
[2] « L'ange Israfel, dont le cœur a pour fibres les cordes d'un luth, et dont la voix est plus douce que celle de toute autre créature de Dieu. » (*Koran*.)

qui frémit. Avec ton cher nom pour thème, bien que l'ordre me vienne de toi, je ne saurais écrire; —je ne puis ni parler ni penser;—hélas! je ne puis sentir,—car ce n'est pas sentir que de me tenir immobile sur le seuil doré de la porte grande ouverte des Rêves, à contempler en extase un site radieux, tressaillant, tandis que je vois à droite, à gauche, tout le long de la perspective, dans une auréole de vapeurs empourprées, au loin où le tableau se termine, — une seule image, la tienne !

LA DORMEUSE

I

A minuit, au mois de juin, je me tiens sous la lune mystique. Une vapeur indistincte, somnifère, un semblant de rosée, s'exhale de ses bords dorés et tombe doucement, goutte à goutte, sur le tranquille sommet des montagnes, puis se glisse, léthargique et mélodieuse, jusqu'au vallon universel. Le romarin se balance sur la tombe, le lis flotte sur la vague; enveloppant la brume autour de son corps de pierre, la ruine s'affaisse dans le repos. Pareil au Léthé, là-bas, le lac paraît dormir d'un sommeil qui ne s'ignore pas et ne voudrait pour rien au monde se réveiller. Toute Beauté dort! — et voyez, sa croisée ouverte aux vents du ciel, Irène repose avec ses destinées!

II

O dame rayonnante, est-il bien que ta croisée reste ouverte à la Nuit? Les brises folâtres se laissent tomber du haut des arbres et la franchissent en riant; les brises incorporelles, troupe féerique, vont et viennent à travers ta chambre, agitant d'une façon si fantastique, si effrayante, au-dessus de la paupière close et frangée qui cache ton âme endormie, ce rideau de baldaquin! Sur le parquet, le long des murs, les ombres se montrent et disparaissent comme des fantômes. O dame aimée, ne crains-tu rien? Pourquoi rêves-tu ici, et quels sont tes rêves? Sûrement, tu es venue de loin, à travers l'Océan, émerveiller les arbres de ce jardin! Étrange est ta pâleur! étrange ton costume! étrange surtout la longueur de tes cheveux, la gravité de ce silence solennel!

III

La dame dort! Oh! puisse son sommeil si prolongé ne pas être moins profond! Puisse le ciel la prendre sous sa sauvegarde! Lorsqu'elle quittera cette salle pour un séjour moins mondain, cette couche pour un lit plus froid, je prie Dieu de lui tenir les yeux toujours fermés, tandis que les vagues fantômes passeront dans leurs linceuls.

IV

Elle dort, mon amour! Oh! puisse son sommeil si prolongé ne pas être moins insensible! Puissent les vers ramper bien doucement autour d'elle! Tout au fond de l'antique et sombre forêt, rouvrez pour la recevoir un vaste caveau; — une tombe habituée à refermer sur un drap mortuaire blasonné aux armes d'une noble famille ses panneaux noirs et triomphants qui se déploient comme une paire d'ailes; — un sépulcre lointain, isolé, contre le portail duquel la trépassée, aux jours de son enfance, a lancé mainte pierre oiseuse; — un mausolée à la porte sonore duquel cette pauvre fille du péché n'arrachera plus un écho qui la fasse tressaillir à l'idée que les morts ont gémi au dedans.

LÉNORE

I

Hélas! le voilà brisé, le vase d'or. L'esprit d'un ange s'est envolé pour ne plus revenir! que le glas retentisse! une âme bienheureuse flotte sur le fleuve stygien. Et toi, Guy de Vere, n'as-tu pas une larme? Pleure maintenant, ou jamais! Vois, dans ce morne et rigide cercueil gît ton amour, ta Lénore! Allons, qu'on psalmodie le service suprême, qu'on chante l'hymne funéraire! — Une antienne pour la plus noble morte qui soit jamais morte aussi jeune. — Un chant d'église pour celle qui est morte deux fois, puisqu'elle est morte si jeune!

II

« Misérables! vous n'aimiez d'elle que ses richesses; vous la détestiez à cause de son orgueil, et dès que sa santé chancela, vous l'avez bénie, parce qu'elle allait mourir. Qui de vous lira le rituel? Qui donc entonnera le *Requiem?* Sera-ce toi, le mauvais œil, ou toi, langue de vipère, qui avez creusé la tombe de l'innocente qui vient de mourir, et de mourir si jeune? »

III

Peccavimus, mais ne délirez pas ainsi, ô Guy de Vere! et que notre oraison monte vers Dieu d'un ton assez solennel pour que la morte n'ait pas à en souffrir! La douce Lénore a pris les devants, avec l'Espoir qui voltigeait à ses côtés; votre raison est troublée par la perte de celle qui allait devenir votre épouse, — de la belle, de la gracieuse, qui gît abattue, dont les cheveux fauves rayonnent, mais dont le regard est terne, dont les cheveux rayonnent encore, mais dont le regard reste voilé.

IV

« Arrière! ce soir, j'ai le cœur léger. Je n'entonnerai nulle hymne funéraire; c'est avec un chant d'allégresse des vieux jours que je veux soutenir mon ange dans son vol! Que les cloches se taisent, de peur qu'une âme aimante ne saisisse ce son lugubre et soit troublée dans sa joie céleste, tandis qu'elle planera sur la terre maudite ! Pour rejoindre les élus, le cher fantôme indigné s'arrache aux démons d'ici-bas, — il quitte l'enfer pour les hauteurs sublimes, — la patrie de la tristesse et du gémissement pour un trône d'or auprès du Roi des cieux. »

UN RÊVE DANS UN RÊVE

I

Ce baiser sur le front, prends-le ! Et avant de te quitter, laisse-moi te faire au moins cet aveu : Tu ne te trompes pas, toi qui supposes que mes jours ont été un rêve. Mais que l'espoir se soit envolé au bout d'une nuit ou au bout d'un jour, — qu'il m'ait donné ou non une seule illusion, en a-t-il moins disparu pour cela ? *Tout* ce que nous voyons, comme tout ce que nous semblons, n'est qu'un rêve dans un rêve.

II

Je me tiens sur une rive tourmentée par le ressac, la mer mugit autour de moi et ma main renferme des grains du sable d'or de la plage : bien peu ! mais comme ils glissent entre mes doigts jusqu'à l'abîme, tandis que je pleure, tandis que je pleure ! O Dieu, ne saurais-je les retenir dans une étreinte plus ferme ? O Dieu, ne puis-je en sauver un, *un seul,* de la vague insensible ? Tout ce que nous voyons, comme tout ce que nous semblons, n'est-il qu'un rêve dans un rêve ?

POUR ANNETTE

I

Grâce au ciel, la crise, le danger est passé ! La lente maladie a suivi son cours, et la fièvre qu'on nomme « Vivre » est vaincue enfin.

II

C'est pitié, je le sais, de rester aussi faible. Je gis là, étendu de mon long, incapable de mouvoir un muscle; mais qu'importe! je me sens mieux au sortir de l'épreuve.

III

Si calme est le repos que je goûte dans mon lit, qu'un spectateur me pourrait prendre pour un mort, — pourrait frissonner à ma vue, me croyant mort.

IV

J'ai fini de geindre et de gémir, de soupirer et de sangloter; trêve aussi à ces affreux battements de cœur : — Oh! ces affreux, trop affreux battements de cœur!

V

Le malaise, la nausée, l'impitoyable douleur ont cessé avec la fièvre qui me troublait le cerveau, — avec la fièvre qu'on nomme « Vivre, » qui me brûlait le cerveau.

VI

Et la plus terrible de mes souffrances s'est calmée.—Oh ! de toutes les tortures, c'est la pire, que cet ardent désir de s'abreuver au fleuve bitumineux de la Passion maudite : j'ai bu d'une eau qui apaise toute soif ;

VII

D'une eau dont le murmure endort comme un chant de berceuse, et dont la source se trouve à quelques pieds sous terre, dans une caverne creusée à très-peu de distance sous terre.

VIII

Ah! que personne n'ait la sottise de dire que mon séjour paraît sombre et mon lit trop étroit ; car jamais homme n'a dormi sur un lit différent, —et pour vraiment *dormir,* il vous faudra prendre place dans un lit tout pareil.

IX

Mon esprit, délivré du supplice de Tantale, jouit d'un doux repos, oubliant ou ne regrettant pas ses roses d'autrefois,— ses anciennes agitations, ses myrtes et ses roses.

X

Car voilà qu'immobile sur sa couche, il croit sentir autour de lui un parfum moins mondain de violettes,—un parfum de romarin entremêlé de violettes,—de fougère et de belles violettes puritaines.

XI

Grâce à cet heureux sommeil, il se baigne dans maint rêve de la constance et de la beauté d'Annette.
—Il reste noyé dans un bain des tresses d'Annette.

XII

Elle m'embrassa tendrement, avec amour elle me caressa; puis je m'endormis peu à peu sur son sein, — je tombai dans une profonde léthargie en roulant du ciel de son sein.

XIII

La lumière éteinte, elle m'enveloppa chaudement, et pria les anges de me garder de tout mal.
—Elle pria la Reine des anges de me protéger contre le mal.

XIV

Et je goûte une paix si tranquille, étendu sur ma couche (confiant dans l'amour d'Annette), que vous me croyez mort; et je dors si satisfait, étendu sur ma couche (avec l'amour d'Annette dans mon cœur), que vous me croyez mort,—que vous frissonnez à ma vue, me croyant mort.

XV

Mais mon cœur a plus d'éclat qu'aucune des nombreuses étoiles du ciel, car l'image d'Annette y scintille; la splendeur de l'amour de mon Annette, — le souvenir des yeux brillants de mon Annette le font rayonner.

FIN

TABLE

AVANT-PROPOS...	1
I. Le rendez-vous...	1
II. Éléonore..	23
III. La caisse oblongue...	37
IV. Le cadavre accusateur....................................	59
V. Le système du docteur Goudron et du professeur Plume..	85
VI. Un homme usé..	119
VII. La semaine des trois dimanches......................	141
VIII. Le sphinx...	157
IX. Les lunettes...	165
X. Les débuts littéraires de Thingum Bob............	211
XI. Politien...	249
XII. Poésies...	283
Ulalume..	283
Hélène..	288
El Dorado..	292
Le corbeau...	293
A	302
La dormeuse..	303
Lénore..	306
Un rêve dans un rêve......................................	308
Pour Annette...	309

www.ingramcontent.com/pod-product-compliance
Lightning Source LLC
Chambersburg PA
CBHW071244160426
43196CB00009B/1161